■ 黄守宏 / 主编
HUANG SHOUHONG

# 2019 中国经济社会发展形势与对策

## 激发市场主体活力 着力优化营商环境

中国言实出版社

**图书在版编目（CIP）数据**

2019中国经济社会发展形势与对策．激发市场主体活力　着力优化营商环境 / 黄守宏主编．-- 北京：中国言实出版社，2019.11

ISBN 978-7-5171-3261-5

Ⅰ．①2… Ⅱ．①黄… Ⅲ．①中国经济—经济发展—调查研究—2019 ②社会发展—调查研究—中国—2019 Ⅳ．①F124 ②D668

中国版本图书馆CIP数据核字（2019）第246006号

**出 版 人**　王昕朋
**总 监 制**　朱艳华
**责任编辑**　史会美
**责任校对**　胡　明
**责任印制**　佟贵兆
**封面设计**　刘　云

**出版发行**　中国言实出版社
地　址：北京市朝阳区北苑路180号加利大厦5号楼105室
邮　编：100101
编辑部：北京市海淀区北太平庄路甲1号
邮　编：100088
电　话：64924853（总编室）　64924716（发行部）
网　址：www.zgyscbs.cn
E-mail：zgyscbs@263.net

**经　　销**　新华书店
**印　　刷**　北京中科印刷有限公司
**版　　次**　2020年1月第1版　2020年1月第1次印刷
**规　　格**　710毫米 ×1000毫米　1/16　13.5印张
**字　　数**　145千字
**定　　价**　54.00元　ISBN 978-7-5171-3261-5

CONTENTS | 目录

## 二、千方百计减轻企业负担

## 三、努力破解中小微企业融资难题



## 四、促进共享经济健康发展

# 学习习近平总书记
# 关于调查研究重要论述的几点体会

（代序）

黄 守 宏

重视调查研究是我们党的优良传统和政治本色，是革命、建设、改革取得胜利的重要法宝，也是各级干部做好各项工作的基本功。在调查研究方面，习近平总书记不仅是身体力行的实干家，更是善于总结、与时俱进的理论家。长期以来特别是党的十八大以来，习近平总书记身体力行、亲力亲为深入进行调查研究，为全党作出了表率，同时就调查研究作出了一系列重要论述，形成了科学系统的调查研究思想。习近平总书记关于调查研究重要论述，运用辩证唯物主义和历史唯物主义世界观和方法论，着眼世情、国情、党情的新变化，创造性地提出了一系列新思想新观点新论断，富于时代性、规律性和创新性，是马克思主义关于调查研究思想的丰富和发展，是习近平新时代中国特色社会主义思想的重要组成部分，是指引我们做好新时代调查研究的强大思想武器和行动指南。下面，我就学习领会习近平总书记关于调查研究重要论述，谈几点初步体会。

## 一、调查研究的重要性：谋事之基、成事之道

作为认识和了解社会的重要手段和方法，调查研究历来受到人们的重视。我国传统思想文化特别是传统哲学具有重经验、重现实的实用理性思维特征，历代思想家、政治家有不少调查研究的宝贵经验和深刻感悟。孔子周游列国、虚心好问，“入太庙，每事问”。墨子强调“得下之情则治，不得下之情则乱”“一目之视也，不若二目之视也；一耳之听也，不若二耳之听也”。王安石则“农夫女工无所不问”。管仲在《管子·问》中提出了国情调查要点，包括数量和质量的指标。孙武在《孙子》中主张调查“五事”，研究“七计”，从而做到“知彼知己，百战不殆”。商鞅提出“强国知十三数”思想，对全国的粮食、人口、官兵等数量进行调查，其中特别强调人口调查，他对西周时期的人口调查登记制度予以改进并在秦国实行。唐代刘晏为及时掌握各地商情动态，推动朝廷在各道设置巡院官，安排专人报告商情。明代张居正为解决当时国家的财政危机，上奏疏对财政收支

状况进行调查分析，根据“量入为出”原则实现财政平衡。

调查研究是马克思主义形成、发展的实践基础和根本路径，是马克思主义者认识世界的根本方法。马克思、恩格斯、列宁等为了适应无产阶级革命斗争的需要，亲自深入工人之中，掌握了大量的第一手资料，为他们的理论研究奠定了基础，从而使他们的理论成为工人阶级斗争的武器。为写作《资本论》，马克思研究过1500多部书籍和档案文件，并深入到工厂、农村进行考察，对资本主义国家的经济状况进行广泛的调查研究。“研究必须充分地占有材料，分析它的各种发展形式，探寻这些形式的内在联系。只有这项工作完成以后，现实的运动才能适当地叙述出来”，这是马克思、恩格斯对理论研究方法的概括。

我们党在长期革命、建设和改革开放实践中形成了调查研究的优良传统。一部中国共产党的历史，就是党在调查研究的基础上，把马克思主义基本原理同中国具体实际相结合，不断推进理论创新和实践创新的历史。党的领袖在调查研究方面为我们树立了光辉典范。毛泽东同志是我们党调查研究的开创者和开拓者，提出了“没有调查，就没有发言权”“调查就像‘十月怀胎’，解决问题就像‘一朝分娩’”等著名论断，其调查研究思想为毛泽东思想的形成和发展奠定了坚实的实践基础。邓小平同志强调“我们办事情，做工作，必须深入调查研究，联系本单位的实际解决问题”，他在作决策之前，都要问问数字、算算细账。江泽民同志提出了“没有调查就没有决策权”的重要论断。胡锦涛同志要求各级领导干部要坚持开展系统的调查研究，了解真实情况，掌握工作主动权。习近平总书记把调查研究置于党和国家发展全局的战略高度予以看待，强调“调查研究不仅是一种工作方法，而且是关系党和人民事业得失成败的大问题”，“调查研究是谋事之基、成事之道”。在党的十九届一中全会上，习近平总书记指出，“正确的决策离不开调查研究，正确的贯彻落实同样也离不开调查研究”，并要求全党大兴调查研究之风。“正确的贯彻落实同样也离不开调查研究”，这与“没有调查就没有发言权”“没有调查就没有决策权”两个论断一道，逻辑紧密地联系为一个整体，使党的调查研究理论全面涵盖了发言权、决策权、落实权的全部链条。长期以来，习近平总书记坚持眼睛向下、脚步向下，深入开展调查研究，“当县委书记一定要跑遍所有的村，当地（市）委书记一定要跑遍所有的乡镇，当省委书记一定要跑遍所有的县市区”。《习近平谈治国理政》一书中记载：在正定，他跑遍了所有村；在宁德，他到任 3 个月就走遍了 9 个县，后来又跑遍了绝大部分乡镇；到任浙江后，他用一年多时间跑遍了全省 90 个县市区；在上海仅 7 个月，他就跑遍了全市 19 个区县；到中央工作后，他的足迹遍及 31 个省区市。党的十八大以来，习近平总书记深入社区、乡村、企业、学校、军队，察民情、访民意、问良策。习近平新时代中国特色社会主义思想，正是他在不断深入实际调查研究基础上形成的，源于实践又指导实践。

## 二、调查研究的根本原则：坚持实事求是

实事求是是党的思想路线的实质和核心。实事求是的“求”就是调查研究。调查研究的目的是揭示事物的真相及其内在的规律和联系，客观、真实是调查研究的生命。习近平总书记指出：“调查研究必须坚持实事求是的原则，树立求真务实的作风，具有追求真理、修正错误的勇气。”“调查研究一定要从客观实际出发，不能带着事先定的调子下去，而要坚持结论产生在调查研究之后，建立在科学论证的基础上。对调查了解到的真实情况和各种问题，要坚持有一是一、有二是二，既报喜又报忧，不唯书、不唯上、只唯实。”但“有些干部，不是不了解情况，也不是看不到问题，而是不愿正视现实，不敢讲真话，报喜不报忧。这些现象都是违背实事求是原则的。在调查研究中能不能、敢不敢实事求是，不只是认识水平问题，而且是党性问题。只有公而忘私，把党和人民利益放在第一位，才能真正做到实事求是”。党的十八

大以来，正是由于始终坚持实事求是原则，敢于直面问题，勇于攻坚克难，我们党才带领人民把中国特色社会主义事业不断推向前进。这启示我们，要坚决反对“四风”特别是形式主义、官僚主义，始终坚持实事求是，不断提高调查研究的实效。

## 三、调查研究的科学内涵或要旨：把握好“六个过程”

习近平同志2004年4月在富阳市调研时的讲话中提出了调查研究的“五个过程”，2011年11月在中共中央党校秋季学期第二批入学学员开学典礼上的讲话中又提出“调查研究的过程是领导干部提高认识能力、判断能力和工作能力的过程”。这“六个过程”简明而深刻地概括了调查研究的重大意义、科学内涵和基本要求，丰富和发展了马克思主义关于调查研究的理论。

调查研究是一个了解情况的过程。习近平总书记指出：“通过深入基层、深入实际、深入群众，我们可以了解群众在想什么、盼什么，最需要我们党委、政府干什么。从而，使我们的各项决策和工作部署，集中民智，体现民意，反映民情，做实一件事，赢得万人心，真正做到情为民所系，利为民所谋，权为民所用。”他强调，要多层次、多方位、多渠道调查了解情况，“真正搞清楚本地区本部门本单位的实际情况，真正搞清楚影响改革发展稳定的突出问题，真正及时了解人民群众的所思所盼”。

调查研究是一个联系群众、为民办事的过程。习近平同志在刚刚当选总书记后的十八届中央政治局常委与中外记者见面时指出，人民是历史的创造者，群众是真正的英雄，人民群众是我们力量的源泉，强调“要以人民群众利益为重、以人民群众期盼为念，真诚倾听群众呼声，真实反映群众愿望，真情关心群众疾苦”。他认为重视调查研究就是重视人民的主体地位、尊重人民意志、学习群众智慧，把调查研究提升到“坚持以人民为中心的工作导向”的高度来看待。调查研究也是实现决策权力和人民权利相统一、党性和人民性相统一的重要手段。习近平总书记指出，只有通过从群众中来、到群众中去的调查研究，“真正保持党同人民群众的密切联系”，才能“代表最广大人民的根本利益”，实现决策的民主化。在《之江新语》一书中，习近平总书记写道：“在对重大问题进行决策之前，一定要有眼睛向下的决心和甘当小学生的精神，迈开步子，走出院子，去车间码头，到田间地头，进行实地调研，同真正明了实情的各方面人士沟通讨论，通过‘交换、比较、反复’，取得真实可信、扎实有效的调研成果，从而得到正确的结论。”他强调，调查研究要“身入”更要“心到”，“真心实意地交朋友、拉家常，通过面对面交流，直接了解基层干部群众的所想、所急、所盼”。“既要听群众的顺耳话，也要听群众的逆耳言，这样才能听到实话、察到实情、收到实效”。只有通过这样从群众中来、到群众中去的调查研究，才能使各项决策和工作部署集中民智、体现民意、反映民情。

调查研究是一个推动工作的过程。习近平总书记指出，“一项决策作出后，光靠从会议到会议、从文件到文件，是不行的，也是解决不了问题的”，必须“政策实施后要跟踪反馈，发现问题及时调整完善”，“让改革发展稳定各项任务落下去，让惠及百姓的各项工作实起来，推动党中央大政方针和决策部署在基层落地生根”。他要求各级领导干部通过深入调查研究，对真实情况了然于胸，使工作有抓手、破题有办法。

调查研究是一个自我学习提高的过程。调查研究本身就是向群众学习、向实践学习的过程，是提高认识能力、判断能力和工作能力的过程，是加强党性锻炼、强化理想信念宗旨的过程。习近平总书记指出，经常调研“非常有益于促进领导干部正确认识客观世界、改造主观世界、转变工作作风、增进同人民群众的感情，有益于深切了解群众的需求、愿望和创造精神、实践经验”。

调查研究是一个科学决策的过程。调查研究是科学决策的前提和基础。多年前，习近平总书记在地方工作时就深刻指出：“调查研究的过程就是科学决策的过程，千万省略不得、马虎不得。”当前改革进入攻坚期和深水区，经济结构转型升级处于关键期，社会诉求多元、利益关系复杂，多种矛盾和问题交织叠加。只有通过深入调查研究，才能摸清具体情况，把准改革、发展、稳定脉搏，发现症结点、抓住结合点。正如习近平总书记所讲："情况搞清楚了，就要坚持从实际出发谋划事业和工作，使想出来的点子、举措、方案符合实际情况，不好高骛远，不脱离实际。"

调查研究的过程是领导干部提高认识能力、判断能力和工作能力的过程。领导工作，说到底是一个"决策—落实"的过程；领导者的职责，概括地说，就是作决策与抓落实。作决策需要调查研究，抓落实同样也需要调查研究。领导干部不论阅历多么丰富，不论从事哪一方面工作，都应始终坚持和不断加强调查研究。习近平总书记指出："现在的交通通信手段越来越发达，获取信息的渠道越来越多，但都不能代替领导干部亲力亲为的调查研究。因为直接与基层干部群众接触，面对面地了解情况和商讨问题，对领导干部在认识上和感受上所起的作用和间接听汇报、看材料是不同的。"他强调，"各级领导干部特别是高级干部要围绕经济社会发展重大问题加强学习和调研，提高把握和运用市场经济规律、自然规律、社会发展规律能力，提高科学决策、民主决策能力，增强全球思维、战略思维能力，做到厚积薄发"。而"通过深入实际调查研究，把大量和零碎的材料经过去粗取精、去伪存真、由此及彼、由表及里的思考、分析、综合，加以系统化、条理化，透过纷繁复杂的现象抓住事物的本质，找出它的内在规律，由感性认识上升为理性认识，在此基础上作出正确的决策，这本身就是领导干部分析和解决问题本领的重要反映，也是领导干部思想理论水平和工作水平的重要反映”。我国是个农业大国，有几千年的农耕文明史，虽然随着工业化、城镇化的深入推进，农业比重和农村人口比例不断下降，但农业农村农民问题始终是关系国计民生的根本性问题。习近平总书记指出，“不了解农村，不了解贫困地区，不了解农民尤其是贫困农民，就不会真正了解中国，就不能真正懂得中国，更不可能治理好中国”，他强调“各级领导干部一定要多到农村去，多到贫困地区去，了解真实情况，带着深厚感情做好扶贫开发工作”。

## 四、调查研究的基本要求：念好“深、实、细、准、效”五字诀

2003 年 2 月，习近平同志在浙江省委理论学习中心组学习会上的讲话中指出，“在调查研究工作中，一定要保持求真务实的作风，努力在求深、求实、求细、求准、求效上下功夫”。“深、实、细、准、效”，短短五个字蕴含了深刻的哲理和方法论意义。

“深”，就是“到基层调查，要一下到底，亲自摸情况，直接听反映，寻求‘源头活水’”。只有深入群众，深入基层，到田间地头去听民声、察民情、解民忧，才能得到第一手资料。“实”，就是作风要实，轻车简从，真正做到听实话、摸实情、办实事。“细”，就是要认真听取各方面意见，掌握全面情况。“准”，就是调查研究必须具有现实针对性和可行性，“要在调查的基础上进行深入细致的研究，进行一番交换、比较、反复的工作，把零散的认识系统化，把粗浅的认识深刻化，直至找到事物的本质规律，找到解决问题的正确办法”。“效”，就是“调研形成的建议必须兼顾需要和可能”，“提出解决问题的办法要切实可行，制定的政策措施要有较强操作性，做到出实招，见实效”。“衡量调查研究搞得好不好，不是看调查研究的规模有多大、时间有多长，也不是光看调研报告写得怎么样，关键要看调查研究的实效，看调研成果的运用，看能不能把问题解决好”。

调研务求“深、实、细、准、效”，这既是确保调查研究不流于形式、不浮于表面的客观要求，同时也是我们立足新时代、开拓新局面、开辟新境界的前提条件。坚持“深、实、细、准、效”的调研要求，就是要求我们从正在做和将要做的实际工作出发，把情况摸清楚，把群众所思所盼摸清楚，坚决摒弃“蜻蜓点水”式调研、“钦差”式调研、“被调研”、“嫌贫爱富”式调研，真正拜人民为师、向人民学习，真正把功夫下到察实情、出实招、办实事、求实效上。

## 五、调查研究的选题方向：做到“四个紧扣”

选题是调查研究的起点，选题方向是否正确、切入点是否恰当，往往决定调查研究的成败。要正确选题，必须增强问题意识、坚持问题导向。习近平总书记指出，“问题是时代的声音”，“我们中国共产党人干革命、搞建设、抓改革，从来都是为了解决中国的现实问题”。当今中国经济社会正在发生历史性变革，需要研究的问题很多，怎么才能选准调研方向和切入点？习近平总书记指出，“调查研究要紧扣人民群众生产生活，紧扣经济社会发展实际，紧扣全面从严治党面临的现实问题，紧扣贯彻落实党的十九大精神需要解决的问题”。这“四个紧扣”为我们指明了调查研究选题的基本方向。具体来说，应围绕以下几个方面来选题：群众反映强烈的问题，改革发展和现代化建设中的重点和难点问题，社会上关注的热点问题，领导同志近期比较关心的问题，各方面争议比较大的问题，带苗头性、倾向性和趋势性的问题，重大部署、重大政策出台前各方面的反映、实施中应注意的问题以及出台后的落实情况等。以上这些，一般都是党和政府关注的重点，从中选择和确定调研的具体题目，就比较容易引起决策层的重视并予以采纳，收到比较好的效果。

## 六、调查研究的思想方法：用好唯物辩证法

辩证思维贯穿于习近平总书记治国理政方略之中。他在十八届三中全会第二次全体会议上强调："在推进改革中，要坚持正确的思想方法，坚持辩证法。"搞调查研究也应如此。当前国内外形势错综复杂，各种矛盾相互交织，新情况新问题层出不穷，调查研究需要强化辩证思维，善于辩证分析，避免陷入形而上学，防止孤立、静止、片面地看问题。

首先，要透过现象看本质。经济社会现象是复杂多变的，其表现形式是多种多样的，作为调研者不要为一时一地的表象所惑，要善于抓住本质真相，"找到事物的本质规律，找到解决问题的正确办法"。其次，要坚持一分为二地看问题。既要看到有利的一面，也要看到不利的一面，善于在"危"中看到"机"、在"困"中找到"路"、在"难"中找到"解"。第三，要善于抓主要矛盾和矛盾的主要方面。当前我国改革发展稳定面临的矛盾和问题很多，调研者要善于从林林总总的矛盾中找出主要矛盾和矛盾的主要方面，而不能"眉毛胡子一把抓"。

第四，要用联系的发展的眼光看问题。调研者应该具有开放的胸怀和宽广的眼界，在全面把握不同领域、区域、要素的普遍联系中把握问题的本质，在继承与创造的有机统一中提高调查研究的前瞻性。

还有一个至关重要的思想方法是坚持走群众路线。群众观点是马克思主义的一个基本观点，群众路线是党的生命线和根本工作路线。调查研究的目的是为了解决问题，说到底就是一切为了群众；调查研究的过程，概括起来就是从群众中来，到群众中去。“从群众中来”就是“将群众的意见（分散的无系统的意见）集中起来”；“到群众中去”就是将收集起来的各种意见建议，“经过研究，化为系统的意见”，制定出符合群众利益的路线、方针、政策，再回到群众中去，即把党的路线、方针、政策交给群众，使之转化为群众的行动。习近平总书记指出，“调查研究成果的质量如何，形成的意见正确与否，最终都要由人民群众的实践来检验”，并在群众行动中考验这些意见是否正确。问题产生在基层，解决问题的智慧和办法也在基层、在群众中。只有基层群众最了解实情、最知道应该怎么办。正如毛泽东同志所说：“凡是忧愁没有办法的时候，就去调查研究，一经调查研究，办法就出来了，问题就解决了。”他在《〈农村调查〉的序言和跋》中说，做调查研究“第一是眼睛向下，不要只是昂首望天。没有眼睛向下的兴趣和决心，是一辈子也不会真正懂得中国的事情的”。习近平总书记强调，“好的方针政策都应该来自人民、顺应人民的意愿、符合人民的所思所想”，“要拜人民为师、向人民学习，放下架子、扑下身子，接地气、通下情，深入开展调查研究，解剖麻雀，发现典型，真正把群众面临的问题发现出来，把群众的意见反映上来，把群众创造的经验总结出来”。

## 七、调查研究的工作方法：注重“三性”、新老结合

工作方法是否得当，直接关系到能否掌握实际情况。在这方面，习近平总书记教给我们一套行之有效的办法。习近平总书记指出，“我们党有着丰富的调查研究经验，在长期的实践中形成了许多行之有效的调查研究方法，如召开调查会、研讨会、走访调查、蹲点调查、典型调查、实地考察等，我们要在新时期加以继承和完善”。他强调：“要注重调查研究的广泛性，避免盲人摸象，以偏概全、以点代面，只见树木、不见森林；要注重调查研究的针对性，围绕中心、贴近实际，忙在点子上、谋到关键处；要注重调查研究的有效性，不仅要重调查，更要重分析研究，能够综合提炼、见微知著、管窥全豹。”

中国特色社会主义进入新时代，面临的国内外环境条件正在发生深刻变化，对调查研究工作提出了新要求。比如，我国互联网已渗透到经济社会发展的方方面面，网民数量大量增加。2016 年 4 月 19 日，在网络安全和信息化工作座谈会上，习近平总书记指出：“网民来自老百姓，老百姓上了网，民意也就上了网。”“对网上那些出于善意的批评，对互联网监督，不论是对党和政府工作提的还是对领导干部个人提的，不论是和风细雨的还是忠言逆耳的，我们不仅要欢迎，而且要认真研究和吸取。”要适应新形势新情况特别是当今社会信息网络化的特点，进一步拓展调研渠道、丰富调研手段、创新调研方式，学习、掌握和运用现代科学技术含量高的调研方法，如问卷调查、统计调查、抽样调查、专家调查、网络调查等，要根据调研任务和要求的不同，采用不同的调研方法，大胆创新，多管齐下，提高调研工作的效率和科学性。

## 八、对政策研究部门调研的特别要求：围绕中心、服务决策

作为各级党委和政府决策的参谋和助手，政策研究部门承担着调查研究的重要职责。要履行好这些职责，必须准确把握好定位。习近平总书记指出：“一般的

调查研究，是为了了解基层的实情，增进同群众的感情，但政策研究部门要求要更高一点，不仅要重调查，更要重研究，我曾经说过‘关键是调查后要善于研究，抓点时要善于管窥全豹，跑面中要能够见微知著，综合提炼’。”他强调，要“贴近实际、贴近群众、贴近决策，忙在点子上，谋在关键处，做到有的放矢，事半功倍，富有成效”。“政策研究部门的同志就是要有抓住重点、找准典型的敏感性，发扬锲而不舍、刨根问底的钻研精神。同时，政策研究部门的调查研究，既不是纯粹的理论研究，也有别于具体的工作部署，而是一种理论与实践相结合的对策性应用研究，必须强调‘研以致用’。正所谓‘文可载道，以用为贵’。具体来说，调研的选题必须‘围绕中心工作’紧扣现实工作需要，出发点是为党委、政府工作提供所需的对策建议，落脚点是解决经济社会生活中的具体问题；调研的视野必须宽广开阔，既要预见潮流所在和大势所趋，又能看到‘风起于青萍之末’的苗头性、倾向性问题；调研的过程必须是去粗取精、去伪存真、由此及彼、由表及里的精心分析和研究的过程，要能够抓住事物的本质和症结所在，反映事物的全貌和特征，找到解决问题的有效办法和途径，切忌浮光掠影，主观臆断，孤立地、静止地、片面地观察事物、研究问题；调研形成的建议必须兼顾需要和可能，提出切实可行的具体措施。有些对策建议看似正确，却因难以实际操作，只能束之高阁”。

国务院研究室承担着综合性政策研究、决策咨询和《政府工作报告》等重要文稿起草任务，我们要认真学习领会习近平总书记关于调查研究重要论述特别是对政策研究部门提出的要求，紧紧围绕党和国家的中心工作，深入实际调查研究，全面正确履行好职责，以笔杆子报效党和人民。

（作者系国务院研究室党组书记、主任）

# 一、持续深化“放管服”改革

**编者按:** 近期国务院研究室就推进政府职能转变、深化简政放权放管结合优化服务改革、优化营商环境等问题，组成5个调研组分赴辽宁、江苏、四川、河南、湖北、安徽等地开展调研，并请20个省（区、市）有关部门代为调研，形成系列调研报告。

# 地方“放管服”改革的主要成效和创新做法

## ——“放管服”改革专题调研报告之一

姜秀谦　孙慧峰

近年来，各地区认真贯彻落实党中央、国务院部署，围绕转变政府职能、优化营商环境，深入推进“放管服”改革，取得明显成效。地方行政审批压减比例大都在50%—60%左右，有的省接近80%。省市县三级权责清单全面完成，并向社会公布。各地还结合当地实际推进“多证合一”。许多省都在本地自贸试验片区、高新开发区等地开展了“证照分离”改革试点，大力推进“照后减证”。“双随机、一公开”监管实现全覆盖，“互联网+政务服务”深入开展。综合各地情况，有以下创新做法值得借鉴：

**一是推进权力清单“五统一”**。针对权力清单标准不一，市与区之间、区与区之间不均衡、不可比等问题，北京市全面开展市区两级权力清单的清理规范工作，首次编制公布了市、区政府部门统一的权力清单，实现了市、区同一部门相同权力事项基本要素的“五统一”，即统一名称、类别、依据、编码、实施主体，进一步明确了层级政府间的事权划分和职责边界。市政府部门权力事项（除行政处罚外）由 2016 版的 3156 项减至 2028 项，精简比例达到 36%。

**二是以制度创新为审批提速。**广西玉林市建立项目联合审批“圆桌”会议机制，在市政务服务中心搭建窗口审批部门与项目业主沟通的平台，组织协调发改、住建、国土等相关部门召开项目联合审批“圆桌”会议，有效提高审批效率。浙江省实施“标准地”制度，在建设用地出让时，就明确相关规划建设标准、能耗标准、污染排放标准、产业导向标准、单位产出标准等，后期简化相关审批和评估。通过这一制度，环评编制从 40 天减为 3 天，能评编制从 10 天减为 1 天，水土保持方案编制从 30 天减为即办。许多地方推进施工图多审合一，将现有的施工图审查、消防审查、人防审查等集中交由综合审查机构，统一进行整体安全性审查，审查结果各部门予以认可，不再单独出具审核备案手续。

**三是大力简化企业开办手续。**江苏省开展企业名称自主申报和近似名称承诺制改革试点，将企业名称预核与企业的设立登记合并办理，推广在线刻制公章、在线申领发票、银行电子开户等，企业开办时间压缩到了 3 个工作日。天津市对企业设立实行“五证合一”“一照一码一章一票”一天办结，推行一张登记表、一份承诺书、“一窗登记、一号受理、一网通办”，使企业在拿到营业执照的同时，即可开展生产经营。北京市实行连锁便利店“一区一照”试点，允许企业一次办理多个门店的登记，实现了快速准入。

**四是增加减税降费“自选动作”。**湖南省加大交通运输领域降费力度，依法取消了长沙、株洲城市路桥通行费和湘潭四大桥收费，取消高速公路电子停车收费系统服务收费，对持有湘通卡通行湖南省高速公路的货车给予通行费九折优惠，交通运输领域年减负 2 亿元以上。北京市在落实国务院六大减税政策基础上，针对残疾人就业保障金，扩大残保金免征范围，设置残保金征收标准上限，仅 2017 年就为企业减免相关费用 12 亿元，占全年为企业减负额的 5%。北京市还率先实现省级范围对新开办企业免费发放一套印章，免除企业开办环节唯一的涉企费用，实现了“零成本”办企业。

**五是创新和加强事中事后监管。**上海市建立行政审批批后监督检查制度，对每项行政审批逐一制定监督检查的工作要求，明确审批者要加强对行政相对人的监管，以及对未取得行政许可擅自从事相关活动的监督检查及处理，从制度上解决“只批不管”的问题。北京市工商部门开发了“市场监管风险洞察平台”，对企业进行大数据监管，以工商系统积累的数据为基础，结合企业信用系统归集数据以及互联网采集数据，把分散的数据梳理成企业的大数据全景信息视图，为实时监测高风险行为、开展跨地区跨部门综合监管、提高执法效能提供了有力支撑。天津市对市场主体实施“信用风险分类”，将全市市场主体分为“良好”“警示”“失信”“严重失信”四个类别，进行醒目标注并向社会公示。通过社会监督，提升市场主体违法成本，规范企业自律，促进主体责任落实。广西壮族自治区推进乡镇“四所合一”，将乡镇国土资源、规划建设、环境保护、安全生产监管等 4 个站所，整合组建为乡镇国土规建环保安监站，并加挂综合行政执法队牌子，形成乡镇的“大部委”制，实行综合管理和行政执法。

**六是重塑政务服务流程。**浙江省大力推进“最多跑一次”改革，目前已覆盖 95% 以上与企业和人民群众生产生活关系最紧密的办事事项。江苏省大力推进“不见面审批（服务）”改革，实行网上办、集中批、联合审、区域评、代办制，最大限度方便企业和群众办事。武汉市以“马上办、网上办、一次办”提升服务水平，目前审批服务事项中“马上办”比例超过50%，“一次办”比例超过80%，全程“网上办”比例超过45%。北京市质监局创新行政许可同城受理模式，企业可以到市内任何一个质监许可受理窗口申请。吉林省政务服务“一张网”实现了省市县三级的一体化服务，并提供PC端、移动APP、移动微平台和自助服务终端等多渠道服务，特别是“人脸识别+公安人像档案”有效破解了网上办事“我是谁”的难题。广西壮族自治区拓展网上办税服务厅，增值税、消费税、企业所得税等主体税种全部实现网上申报，90%的常办涉税业务实现网上受理，“网路”成为纳税人办税的主干道。

**七是加强“放管服”改革的考核监督。**各地都很重视对“放管服”改革的考核和监督检查。江西省制定了政务公开和政务服务绩效管理指标体系，将政务服务工作纳入省直机关绩效考核体系和市县科学发展综合考核评价体系。辽宁省成立了营商环境建设监督局，对省内营商环境问题进行明察暗访，仅2017年就问责817人。上海市将政府部门行政权力行使情况、政府服务提供情况等纳入效能评估内容，同时加强效能评估结果运用，将其作为职能配置、机构设置、编制配备的重要依据和党政领导班子考核重要内容。浙江省建立了12345统一政务咨询投诉举报平台，实现“一号响应”，让老百姓打一次电话就能解决问题，有力强化了群众对政府服务的监督，确保了“放管服”改革举措落地见效。

# 地方对深化“放管服”改革的建议

## ——“放管服”改革专题调研报告之二

刘军民　王晓丹　姜秀谦

对进一步深化“放管服”改革，各地提出了不少好的建议，主要集中为八个方面：

### 一、更加注重“自下而上”与“自上而下”相结合，加强“放管服”改革顶层设计

地方普遍认为，“放管服”改革已经进入深水区，有些体制机制障碍亟待突破，地方的许多好经验好做法也需要总结提升。应当在继续鼓励基层创新的同时，从国务院层面加强规划设计、解决共性问题，重点在通盘协调推进上下功夫，抓紧梳理堵点难点，分类确定牵头部门，明确任务完成时限。一是结合机构改革巩固“放管服”改革成果。江苏等省建议，要在这次政府机构改革中，参照近年来“放管服”改革的成效和举措，对相关部门的职能职责重新核定，把“放管服”改革成果固化下来。湖南省建议，在机构改革中，要推进权责清单与“三定”规定有机结合，进一步

厘清部门职责界限。二是加强统一指导规范，为地方改革提供政策保障。山东、河北等省建议，国家层面应对行政审批局的机构属性、事项划转范围、审批专用章使用范围、与原主管部门职责划分等具体问题统筹考虑并出台明确规定。陕西、吉林等省建议，国务院应对行政许可和公共服务事项，按照同一事项、同一名称、同一标准、同一流程、同一依据的要求进行梳理规范，使不同地区的企业和群众对同一事项办理有相同感受。三是完善考核评价和容错纠错机制，激发地方改革更大积极性。辽宁省建议，尽快建立全国营商环境评估体系，并定期向社会公布对各地方的评估结果，作为衡量改革成效的重要标尺和绩效考核的主要依据。河北、河南等省建议国务院出台在“放管服”改革中对地方干部的容错纠错机制和问责免责规定，依法确定免责条件和程序，及时化解因责任焦虑引发的“踢皮球”现象。

## 二、更大力度地减权放权，加快建立“宽进严管”的新型治理模式

要最大限度减少政府对市场活动的直接干预，放权于市场、放权于社会，把简政放权推向纵深。一是围绕市场需求，更加坚决彻底地“减权”。江苏省建议，以放为原则、不放为特例，围绕企业和群众期盼，该减的要坚决减，该放给市场和社会的权力全部放开、放足、放到位。对国家鼓励类、允许类企业项目“不再审批”，对束缚市场活力、干扰公平竞争的审批事项，要坚决取消。四川省建议将交通运输业作为 2018 年“放管服”改革重点，系统梳理调整现有审批事项，取消道路客运班线“四定”和包车审批，增强企业经营自主权；将机动车维修经营许可、机动车驾驶员培训许可、客运班线延续经营许可等改为报备；减少货运车

辆重复检测项目，合并客车类型等级评定检测和技术等级评定等检测，进一步降低企业运营成本。二是围绕堵点痛点，更加扎实有效地“压证”。河南省建议，对于出让合同中已经明确规定了建设用地的范围、面积、用地性质和规划设计条件的，应取消建设用地规划许可证。北京、天津等地建议，对能够通过加强事中事后监管保障质量安全的产品，如饲料粉碎机、制冷设备、人造板、轻小型起重设备等，取消工业产品生产许可证，或改为认证管理。三是围绕地方实际，更加精准协同地“下放”。陕西、山东等省建议，放权要与放资源并行，在人才、经费、技术、装备等方面予以同步保障，防止放权变成“甩包袱”，确保基层接得住、管得好。江西省建议，上级部门下放权力时，应事先征求地方和下级部门的意见；已经下放但基层接不住的，该收回还得收回。

## 三、进一步创新监管方式，深入推进市场监管现代化

一些地方认为，“怎么管”“如何管好”的问题已成为当务之急，必须加快监管方式和技术创新，切实提高监管效能。一是进一步完善“双随机、一公开”监管。宁夏回族自治区建议完善诚信档案、失信联合惩戒等制度，增强随机抽查的威慑力。陕西、河南等省建议，从国家层面出台“双随机”抽查条例或办法，对抽查实施范围、事项清单、抽取比例、操作流程、结果处置等具体事项予以规范。二是推进监管信息互通互认。吉林省建议，大力推进综合行政执法改革，推进违法线索互联、监管标准互通、处理结果互认，及时公开企业违法违规信息和检查执法结果，接受群众监督。三是积极采用新技术手段加强监管。湖北、江苏等省建议，运用互联网、大数据、物联网等现代信息技术手段，探索实行“互联网＋监管”模式，既提高监管的针对性、有效性，又减少对企业

的干扰，提高监管的公正性。此外，河南省建议，适应监管新要求，加强监管队伍建设，培养“一专多能”“全科医生”式的监管人员队伍。

## 四、坚决整治各种乱收费，让企业轻装上阵

针对企业反映的收费还是多还是乱的问题，应继续加大清费力度，做到依法治费、依单收费、透明缴费。一是建立全国收费目录清单“一张网”。江西省建议，全面推开涉企收费公示制，清单之外一律不得收费。加大对已出台减费政策的跟踪问效和检查力度，确保已取消的收费项目不再征收，已降低的收费标准执行到位，对各类乱收费行为，要抓典型、治乱象，公开曝光、严厉惩处。二是研究推出新的降费举措。陕西省反映，煤炭行业很多主要成本无法在税前抵扣，其增值税实际税负高达15%，应进一步完善相关制度，扩大煤炭企业进项税抵扣范围。天津市建议，应改进残疾人就业保障金计收办法，适当降低征收标准、滞纳金征收比例等。建议银联改进刷卡手续费计收办法，限定“每笔”收费的最高金额。吉林省建议，对于工会会费先征收后返还的部分，应采用计账不计提的办法，减少对企业流动资金的占用。江西省建议，对企业生产经营各项合同的印花税，应由过去的合同双方缴纳改为单方缴纳。

## 五、促竞争与严管理并举，大力提高中介服务质量

不少地方认为，更好发挥中介服务机构作用，既要对依托政府背景搞垄断的“红中介”和欺诈勒索的“黑中介”加大清理规范力度，也要对合法经营的“白中介”积极鼓励培育、严格引导规范，进一步增加供给、优化服务。一方面，可以创新引入竞争

机制。广西、辽宁等地建议，打破各种评估事项中的中介垄断，涉及企业环评、能评、图审等的同一经营类别中介机构要达到3家以上，达不到规定数量的，由行业主管部门负责引进或对现有中介机构进行拆分。开设网上中介超市或中介集中平台等，给予企业自主选择权，推动中介机构间开展服务和价格竞争，促进服务水平提升。江苏、江西等省建议，实行中介服务机构动态淘汰制，综合企业和政府对中介机构服务的评价结果，按照末位淘汰原则，定期更新中介服务机构名单。另一方面，加强全流程规范和管理。广西、辽宁等地建议，从服务质量目标化、服务方法规范化、服务流程程序化等方面推进中介服务标准化，并公开中介服务收费依据、收费标准等，接受社会监督。山东、江苏等省建议，在国家层面研究明确中介服务机构的主体地位和法律责任，加快制定中介机构依法自律、真实承诺、违规赔偿等制度规定。

## 六、以“一网通办”为核心，让政务服务更便捷、更优质

地方普遍认为，“互联网＋政务服务”是各地推行“最多跑一次”“只进一扇门”“不见面审批”等优化服务改革的重要抓手和支撑，应着力推动政府数字化，加快实现“一网通办”，让政府服务最大限度利企便民。一是建设统一的政务服务平台系统。广西、河北等地建议，尽快建立全国统一的政务服务平台，制定出台政务服务平台管理办法，统筹规划各级各部门信息化建设，真正构建起全国“政务服务一张网”，切实推动“一张网办成所有事”。二是加强网上政务服务标准化建设。浙江省建议，对各类网上政务服务事项，按照名称、适用依据、申请材料、办事流程、业务经办流程、办理时限等“八统一”原则逐一制定标准化业务

流程。陕西等省建议，加快制定“互联网＋政务服务”技术标准体系，实现服务事项清单标准化、办事指南标准化、审查工作细则标准化、线上线下服务标准化。

## 七、坚决打破“信息孤岛”，畅通数据共享的“高速路网”

地方普遍反映，数据割据、“信息孤岛”已成为制约“放管服”改革推进的突出瓶颈，希望能拿出动真碰硬、割肉让利的担当，加快推进更高层级、更大范围、更加顺畅的信息数据共享。一是加强中央部门重要数据与各省的联通共享。北京、浙江、山东等很多省市对此都有强烈需求，需要共享的数据主要集中在户籍、婚姻、教育、法人、交通、公共资源交易等领域。二是加强各省之间信息数据的互联互认。上海、江苏等地建议，国务院出台文件，建立健全数据采集和接口规范，加快推进跨地区行政审批、事中事后监管、政务服务等信息互认共享和业务协同。三是推动实现数据资源向社会开放。浙江、陕西等省建议，建立公共信息资源开放目录，在确保安全的情况下加大信息数据开放力度，鼓励和引导社会化开发利用，创造更大价值。

## 八、加快相关法律的立改废释，强化对创新做法、新兴领域的法治保障

不少地方反映，随着“放管服”改革的不断深入，推进立法、修法已经刻不容缓，应当不断完善法律法规体系，让现有改革有法可依，并为进一步改革破除制度壁垒、提供有力支撑。一是对法律法规存在空白和漏洞的，加快研究推进立法。北京、湖北等地建议，抓紧制定电子证照、电子印章、电子档案、数据共享等方面的法律法规，为推进“互联网＋政务服务”提供法律支撑。

广西壮族自治区建议，将《国家商事登记条例》列入国务院立法计划，把商事制度改革成果以法律形式固化下来。二是对法律法规不适应改革发展需要的，及时修改、废止。浙江省提出，精简行政审批事项、优化投资项目审批流程等改革很多已突破现有法律法规，建议推动相关法条尽快修改。江苏、广西等地建议，及时对涉及企业准入退出、群众办事办证等法律法规进行清理与修订，减少不必要的手续和证明。三是对地方试点试验，加大法律法规授权力度。天津、浙江等地建议，法律法规“立改废释”条件暂不成熟而实践又迫切需要的，在地方提出申请的前提下，由国务院尽快推动有关方面作出授权，允许地方适当突破现行法律法规，探索更多具有创造性、前瞻性的制度机制。

# 相对集中行政许可权改革要处理好四个关系

## ——“放管服”改革专题调研报告之三

刘军民　姜秀谦

近期，我们赴江苏南通市、河南郑州市、天津滨海新区等地就相对集中行政许可权改革做了调研，有关情况报告如下。

## 一、相对集中行政许可的三种主要模式及其特点

长期以来，行政许可领域多头审批、手续繁琐、耗时冗长等问题突出，以致出现“公章围城”“审批长征”。为从源头消除这些弊端、提高审批效率，近年来各地积极探索相对集中行政许可权改革，主要有以下几种模式。

一是“物理聚合”式的行政服务中心模式。由政府设立一个政务中心或政务大厅，具有相关审批职能的部门入驻政务大厅，开设办事窗口。政务中心主要提供平台服务，不对审批事项和部门职能做实质性调整。行政服务中心模式不改变行政许可权行使

机关，不触及部门权力配置结构，只是对许可实施具体方式和程序进行改进和优化，是场所集中、程序集中。这一模式通过“平台聚合”“一站式服务”提升了审批办理便利度，其局限主要是政务中心很大程度上相当于一个大“收发室”，审批权分散、流程“体外循环”等问题仍未从根本上消除。

二是“半融合式”的“两集中两到位”模式。在这一模式下，部门审批职能向一个科（处）室集中、审批科（处）室向办事大厅集中，实现部门审批事项进驻到位、审批权向窗口授权到位，具体做法包括授予派驻首席代表审批决定权、审核上报权、组织协调权、窗口管理权和印章使用权等。这一工作机制通过集中联审提高了审批效率，向实质性许可权限的集中前进一步，但仍未触动原有行政审批权力配置结构和管理体制，深化改革遇到政务中心权威性和协调力不足的困境。

三是“化学融合”式的行政审批局模式。针对上述两种模式存在的不足，一些地方采取“编随事转、人随编走”方式，把由各部门分别行使的行政审批职能划转至新组建的行政审批局，由其统一受理，作出审批决定，并对审批结果负责。行政审批局通过划转整合归并审批事项，打破了部门审批界限，彻底改变“铁路警察、各管一段”的模式，审批从程序集中走向实体集中、从“平台聚合”转向“实体承办”，实现了许可权的集约化行使。

从各地实践看，行政审批局是相对集中行政许可权改革的主流模式。2008 年成都市武侯区成立了全国首个行政审批局。2014 年天津市滨海新区成立行政审批局，本级行政许可事项绝大部分划转到行政审批局，审批印章由 109 枚减少为 1 枚专用章。2015 年，中央编办、国务院法制办印发《相对集中行政许可权试点工作方案》，确定在天津、江苏等 8 个省市开展扩面试点。据不完全统计，全国已有16个省、160多个市、县、区开展了相对集中行政许可权改革试点，相继成立了行政审批局，改革取得积极成效。一是大幅提高了审批效率。通过整合职责、优化流程实现“一门一窗”“一枚印章管审批”，有效解决了“多部门审批、多环节流转、多头跑路”以及部门之间“拖、卡、推”的审批难题，提高了审批效率。南通市将原来由发改、住建、规划等7个部门涉及的建设项目审批的26个事项全部划转并集中到行政审批局，审批时间从原来252个工作日压减为102个工作日，提速60%以上。滨海新区实现了全链条、闭合式、整体性的“车间式流水线”审批，审批办结时间压缩了3/4。二是有力推动了部门职能转变。在部门主导的行政审批体制下，部门既管规划等宏观事务，又管项目审批等微观事务，既管审批又管监管和执法，不仅可能导致职能错位，也容易出现“以批代管”“重批轻管”问题。相对集中行政许可使行政机关从具体审批中脱离出来，转向政策制定与调整、加强对审批事项的事中事后监管上来，从而实现审批和监管各司其职、良性互动，形成宽进严管的治理格局。三是规范了行政权力运行。相对集中行政许可权改革，一方面，通过审批权与监管权相分离，有利于建立决策权、执行权和监督权既相互制约又相互协调的权力结构和运行机制；另一方面，通过把分散的权力集中行使，再将集中的权力流程化、标准化，推动权力公正、规范、透明运行，以程序规范促进实体公正。滨海新区在改革中，研究制定了行政审批标准化操作规程(SOP)，对全部审批事项、审批要件、审批流程、审查标准进行全面规范和细化量化，将审查标准内嵌在审批流程中，让审批行为留痕在审批流程中，实行依法依规审批。

## 二、改革中遇到的新情况新问题值得关注

作为行政审批制度改革的重大创新，相对集中行政许可权改革在取得明显成效的同时，也在体制衔接、运行机制等方面遇到一些新情况新问题。

一是审批权力和事项划转问题。有些单位由于对“应进必进”缺乏统一认识和强制性制度规范，以审批事项具有中央事权属性、业务系统特殊等理由，强调客观因素，拒绝将审批事项划转行政审批局。同时，有些专业技术性和现场性要求强的事项集中后，造成了执行难、协调难。西南地区某县将原归22个职能部门的173项行政许可全部划归行政审批局，其中141项需现场踏勘，对此该局显得力不从心。

二是审批与监管责任衔接问题。相对集中行政许可权形成“审管分离”模式，由此产生审批与监管责任衔接问题。有的主管部门认为，既然不批了也就可以不管了、不知道怎么管了、也没法管了，而行政审批局又无力监管，出现了新的推诿扯皮现象。

三是“上下对口”体制下的衔接问题。成立行政审批局带来政府层级间、条块间关系的调整重塑，处理不当就可能出现上下关系失调、业务壁垒等问题，成为制约改革的梗阻。比如，西北某省会城市审批服务局开发了“行政审批服务系统”，但上面多套审批系统并行，办理业务时仍需继续沿用5个国家部委的12个审批系统，存在“多套系统，多个流程，重复录入，重复审核”的问题。此外，地方审批局成立后没有对口的上级部门，涉及工作协调时，需与十几个本级平行职能部门及其对应的上级部门分别沟通，并要接受来自多个上级部门的业务指导、政策学习、目标考核等工作，协调难度增加。

四是集中审批的法律地位和效力问题。在协同配套机制不到位情况下，改革也遇到不少阻力和障碍，少数上级主管部门对相对集中行政许可权改革认识不统一，对行政审批局的法律主体地位及其签发证照的法律效力存疑。比如，一些地区反映工商注册登记权划转至行政审批局，有关方面对加盖着行政审批局公章的营业执照并不认可，这种现象在证照跨地区使用时更为普遍，导致不能“全国通行”。

## 三、处理好四个关系，推动改革取得更大成效

一是处理好“上”与“下”关系，加强顶层设计。相对集中行政许可权改革主要是从基层“自下而上”探索开展的，随着改革深入，越来越多地遇到了法律法规和上级部门规章制度等“天花板”的掣肘，迫切需要“自上而下”加强顶层设计和统筹协调。建议加快总结地方实践经验，加强指导协调，对地方行之有效和可复制可推广的经验做法，尽快上升为统一的制度规范，制定出台国家、省级层面指导意见，部署推动配套联动改革，依法保障行政审批局办理的行政许可等事项具有通行的法律效力。

二是处理好“集”与“散”关系，加强分类指导。行政许可权的集中行使是相对的，既要积极推动审批职能整合优化，又不片面为集中而集中。审批事项的专业性、关联性是影响行政许可集中的重要因素。应按照《行政许可法》规定的精简、统一、效能原则，对办件数量较多、标准化程度较高、业务关联性较强、适宜统一管理的事项进行集中行使，对技术审查要求高、独立性强、需现场踏勘的审批事项，则不宜简单地集中。建议对各级各类行政审批事项做系统梳理，根据其权责属性、复杂程度、办理要求，分门别类作出指导性规范，宜集中的则集中，宜分散的则分散。

比如，生猪屠宰检验检疫、船舶检修等，通常都需现场查验勘验，集中到审批局就不易执行。

三是处理好“批”与“管”关系，加强审管衔接。事中事后监管和相对集中行政许可权是相辅相成、互为支撑的，如果有效监管不到位，必然影响改革综合成效。应按照“谁审批、谁负责，谁主管、谁监管”的原则，理顺审批部门与职能部门的权责关系，明确由行政审批局依法依规对受理过程、审查内容、评审评估等进行严格把关，并对审批结果负责，职能部门对审批后的事中事后监管负责。通过“审批目录清单＋监管责任清单”规范两者关系，明晰“批”和“管”的责任边界。加强审管衔接联动，加快建立审批和监管信息双向推送通道和制度机制，做到“管审同步、一批就管、无缝衔接”。这方面，天津滨海新区建立了审批与监管联动机制，开发建设了“行政审批与事后监管信息交换平台”，及时将审批信息推送至监管部门，为做好后续监管提供了有力保障。

四是处理好“条”与“块”关系，强化协同配套。相对集中行政许可权改革不是简单地设立一个机构，而是转变政府职能系统工程中的一环。按照中央关于深化地方机构改革的要求，坚持优化协同高效，深入推进行政管理体制改革，科学配置政府间事权，赋予省以下机构更多自主权，突出不同层级职责特点，允许地方根据本地区经济社会发展实际，因地制宜依法设置机构和配置职能。打破职责同构和条块分割，允许“多对一”和“一对多”，上级部门不得以对口为由设置业务壁垒、行文障碍。促进政府部门间合作，打造上下协同、条块衔接的管理体制。

# 四川省“放管服”改革“九难”和“九策”

## ——“放管服”改革专题调研报告之四

张军立　李钊　邢建武　刘若霞

近期，我们赴四川省成都、乐山等地，对“放管服”改革进展情况进行了调研。现将有关情况报告如下。

### 一、有关经验做法

近年来，四川省委、省政府高度重视“放管服”改革工作，2018年明确提出30项改革重点任务，加强改革统筹协调和指导督促，取得较好成效，形成不少好经验好做法。

一是积极开展相对集中行政许可权改革试点。在13个市（州）、52个县（区）组建行政审批局，行政许可权相对集中度达80%以上，通过重构流程、并联审批、整合精简，大幅提升办事效率。有的市将24个部门承担的245项行政审批事项划入行政审批局，1枚审批章代替原来33枚印章；开办企业申报材料由25项减为12项，办理环节由5个精简为2个，审批时限由10—15天缩减到3—5天。

二是深入推进“多证合一”和“证照分离”改革。省级层面全面实施“二十证合一”，实现企业登记全程电子化。有的市实行“三十二证合一”，有的市实行“三十七证合一”。中国（四川）自由贸易试验区深入开展99项“证照分离”改革试点，有效降低市场准入的制度性成本。

三是大幅压减企业投资项目核准事项和审批时限。四川省先后3次修订政府核准投资项目目录，98%的项目实行无前置备案，项目审批、核准和备案全部实现网上办理。有的市在全市66个产业园实行全流程承诺制，项目办理时间减少140天。有的县探索工业项目县级“零审批”“先建后验”，过去项目开工前需完成手续40项，现在只需满足“7项要求+一次性承诺”，最快30个工作日办结。

四是着力创新综合监管、智慧监管模式。有的市打造综合行政执法智慧服务平台，实行执法事项数量、名称、标准“三统一”，推进跨领域、跨部门、跨层级信息共享，实现了感知、分析、服务、指挥、执法“五位一体”。有的市整合17支行政执法队伍、24个部门的行政处罚职能（合计3621项），实现“一支队伍管执法”，执法人员从428人减少至212人，执法效率和效果不降反升。

五是多措并举提升政务服务水平。四川省建成一体化政务服务平台和政务服务网，推行“网上受理、多级联审、快递送达”，制定省级标准20项、内部标准987项，推进政务服务标准化。有的市开通“心连心服务热线”，对民生诉求联动响应、事事回音、全程督办、监察问责。有的市实施高峰时段延时服务和周六办理服务，方便企业和群众办事。省里的有关部门单位通过“三并联”服务促进一批建设项目快速落地。

## 二、反映的突出问题

调研中，地方和企业也反映了不少问题和症结，主要集中在以下几个方面。

（一）进一步“放权”仍有很大潜力可挖。一是不合理的审批事项。随着市场机制不断完善，很多设立于计划经济时期的审批许可已不适应当前发展形势。例如，客运班线需要主管部门批“四定（定路线、定车辆、定站点、定班次）”，线路开行、运力增减、车辆更新、就连中途停靠站点都要审批，客户包车实行“一事一批”。建筑企业资质等级认定不仅造成大量空壳企业挂靠现象，也给审批部门、招标单位带来寻租空间。有些审批事项如提灌站建设审批，地方部门十几年都未办理一件。再如某建材企业已绿色转型，生产过程均在地下空间进行，粉尘噪音完全得到控制，但因规划和环评限制无法落户园区。二是可通过事中事后监管予以取代的事项。在短途运输领域，企业要申办 4 个大证、若干个小证，各类牌证能在前挡玻璃摆上一整排。地方交通部门反映，仅在市县两级就有客运班线延续经营等 5 项审批可改为报备。饲料、肥料等质量安全通过生产许可审批并不能得到充分保证，重点应放在事中事后监管。三是“隐性”审批事项。仅四川省级就有各种登记、证明、备案、征求意见等行政确认类事项 40 余项，名义上不是审批但实际操作一模一样。如交通部门负责超限运输审批，但事前必须征求公安部门意见，实质上形成一道前置审批。据了解，此类事项目前均未纳入行政审批范畴和相关统计。

（二）深入推进“简政”面临部门协同难题。四川省认为，重复申报、互为前置等问题是制约审批流程和时限进一步精简压缩的最大障碍之一。比如，加强公安和交通部门协同，运输企业资质年检办理时间至少可再缩减 1/3。采掘业项目建设需要经过建筑施工和安全生产两个部门审批，但审批内容却高度重复。不少地方在探索“容缺后补”等投资项目承诺制过程中，普遍遇到法律法规调整不同步的瓶颈制约，迫切需要在国家层面进行系统梳理和调整。

（三）中介评估对项目审批提速制约突出。经过前期努力，投资项目在行政体制内的审批时限已大幅压减，但环境、安全、消防等中介评估周期并未明显缩减，占比还在60%—80%左右，是审批耗时和收费的“大头”。主要原因是，各类评估要求过于复杂、子项众多，部分标准模糊、细化不够、部门裁量权过大，中介机构经常需要反复修改、多次提交，导致评估时间偏长。另外，很多园区已对土地、环境等做了整体评估规划，但园区内一般性新建项目仍需单独评估。

（四）事中事后监管机制尚不健全。一是综合执法和集中审批衔接不畅。突出表现在正在推行的“审管分离”与“谁审批谁监管”原则不一致，监管责任界定不清。有些地方未实现人随事走，审批人员能力素质跟不上。改革后设立的集中审批机构与上级监管部门没有业务联系，不能及时了解政策变化。二是部分地方对“双随机、一公开”监管存在认识误区，未区分一般与重点，对重点领域监管有弱化趋势。三是部分领域权限下放后，相应编制、经费并未同步下放，地方开展许多业务所需的人员队伍和配套条件严重不足。

（五）“一网办通”面临数据壁垒。各级政府积极推进政务网络平台建设，但大量审批事项仍需通过国务院部门专网办理，电子证照、签章、档案等配套制度尚不健全，很多地方平台仅能发挥任务分发、流程监督等作用。各地政务信息归集大多限于本级政府层面，很多国务院部门信息尚未完全纳入，全国性、行业性信息更少。企业在进入各地市场时，需要重复登记、公示相关信息，且各地标准不一，增添很大麻烦。

（六）企业注销遇到种种障碍。成都市反映，企业在国家企业信用信息公示平台发布简易注销登记公示后，税务部门异议率近100%，且理由不明，工商部门也无法判断异议是否成立。这在建筑施工行业尤为集中。因工程建设需要，企业在各地设立了大量项目公司，但项目结束后要注销却很困难，有的甚至拖了十几年还没办成。

（七）地方保护主义亟待破除。以招投标为例，目前各地普遍优先中央企业，其次优先地方国企和本地企业。有的地方要求外地企业在当地投资建厂才能获得准入资格，有的通过信用打分排名限制外地企业参与财政投资项目招投标。

（八）要素市场监管有待加强。部分企业反映，近几年各种费用负担有所降低，但与能源、物流成本相比仅是“九牛一毛”。比如电力价格垄断却未根本缓解。以直购电为例，2017年企业购电裸价为0.2016元，但2018年有关电力企业却不约而同将价格定在0.22元，上涨近10%。还有基本电费，企业一旦超出容量限制，当月全部电费都按更高一档价格计算。再如天然气曾多次出现价格倒挂，用户自行将管道气液化后比市场价格还要便宜。

（九）政务服务仍有提升空间。企业反映，简政放权确实为企业带来很大便利，监管也更加宽严有度，但在监管指导和主动服务方面仍有不足。某企业反映，2017年四川省出台房产税和土地使用税优惠政策，税务部门“明明前几天还来催缴税款，却不顺带告知一声”，以致该企业当年未能享受政策优惠数十万元。

## 三、改革和工作建议

总的看，持续深化“放管服”改革，普遍涉及调整法律法规、破除数据壁垒、加强政府自我约束等共性、深层次矛盾问题。下一步，重点应在强化顶层设计、通盘协调推进上下更大气力，抓紧梳理堵点难点，分类确定牵头部门，明确任务完成时限，更多释放改革红利。

一是清理减少交通运输行业审批事项。建议将交通运输业作为2018年“放管服”改革重点，系统梳理调整现有审批事项。取消道路客运班线“四定”和包车审批，增强企业经营自主权；将机动车维修经营许可、机动车驾驶员培训许可、客运班线延续经营许可等改为报备；减少货运车辆重复检测项目，合并客车类型等级评定和技术等级评定等检测，进一步降低企业运营成本。

二是大幅压减资质类审批许可项目。凡是能由市场自主选择决定的，一律取消相关资质认定，政府不再为企业“背书”。凡是通过技术标准可以规范管理的，一律取消许可或改为备案，如饲料、肥料许可登记等。凡是审批过严可能导致区域性垄断的，一律放宽许可数量限制。

三是梳理整治各类“隐性”审批。凡是能够通过部门信息共享解决的一律取消，争取部门多衔接、群众少跑路。确需保留的，要明确告知办理流程、形式和时限，推行网上“不见面”办理。严格禁止以企业信用排名等为由行审批限制之实的做法，不得为外地企业参与本地项目招投标设置额外门槛。

四是进一步加大审批权限下放力度。已经过总量性、区域性整体审批的，单个项目的审批原则上都要下放。适当增加地方“先建后验”工业项目用地审批权限，符合政策的技改扩建项目无须再到省级部门报批。同时，做好权限下放衔接配套，审批权限下放到哪一级，平台端口就开放到哪一级，标准规范、办理流程等业务指导也做到哪一级。明确审批权力下放部门后续责任，建立审批权力承接部门监督制度，避免放下来、接不住、办不了。

五是整合精简中介服务环节。全面推行多评合一、并联审批，压缩审批环节。支持各地探索区域极简审批、智能化审图，实行全流程网上审批。细化审评审批和中介服务标准，压缩部门自由裁量空间，简化审评文件编制要求，在项目立项（备案）、土地（划拨）出让和规划设计、施工许可等环节实行告知承诺、容缺预审，促进审批提速增效。

六是加强集中审批与事中事后监管衔接。重新审视“谁审批谁监管、谁主管谁监管”，进一步明确集中审批、行业主管、综合执法等部门权责，完善协调联动、信息互通、资源共享、监督制约的工作机制。坚持人随事走原则，充实一线监管力量。推进“双随机、一公开”与重点监管相结合，提高综合监管水平。加快解决虚假身份注册企业、冒领增值税发票、企业异地注册、快速注销等问题。

七是着力提升政务服务效能。推广政务服务标准化，及时修订《行政许可标准化指引》国家标准，统一规范行政许可和政务服务事项、名称、申请材料、内容格式、办事流程。增强政务服务主动性，做好政策解读、业务指导和主动推送，让更多企业了解政策、享受政策。提升政务服务专业性，加强专业队伍建设，为企业提供“精准服务”。

八是加快全国“一张网”建设。启动国家层面政务服务综合平台建设，出台部门数据归集共享标准、内容、时限、责任等强制性规定。大力推动国务院部门专网与地方政务平台对接，明确联通时限、责任分工和进度安排，实现政务信息大融合、大共享。建立健全电子证照、电子档案、电子签章等配套制度，真正实现政务服务全程电子化。

九是加强改革的统筹协调。理顺相对集中行政许可改革面临的体制机制问题，建立“放管服”改革及营商环境统一评价体系，探索建立改革容错机制，为各地积极推进改革、大胆先行先试提供政策保障。以投资项目审批、工商登记、行政处罚、安全管理等为重点，加快修订与改革精神不符的法律法规，推动部门同步调整相关规章制度标准。

# 线上线下应齐发力
# 抓好标准与共享两大关键

## ——“放管服”改革专题调研报告之五

刘军民　李宏军

赴河南省调研小组就“互联网 + 政务服务”进行了调研，有关情况报告如下。

### 一、加快推进集中、效能的政务服务大厅建设，力争群众办事“只进一扇门”

实体政务服务大厅是政府面向群众提供服务的综合前台，也是“一网通办”的物理载体。地方同志反映，存在的问题主要有：一是政务服务大厅仍未实现全覆盖。根据有关部门 2017 年对全国实体政务大厅的普查，实现省、市、县三级全覆盖的只有 7 个省份。二是事项进驻率还不高，“应进必进”不到位。全国平均有 21.5% 的审批部门和 36% 的行政许可事项未进驻大厅，仅有 6 个省份审批部门进驻比例超过 90%，有 3 个省份进驻事项不足 150 项。调研的某地级市，仍有 22% 的审批部门和 46% 的审批事项未进驻大厅。地方反映，职能部门对事项进驻大厅的认识不统一，也缺乏强制性约束。有些单位以审批事项具有中央事权属性、业务系统特殊、行政相对人特定和人员编制紧张等理由，强调客观因素，拒绝将审批事项纳入政务大厅办理。三是政务服务中心定位和性质不清。《关于深化政务公开加强政务服务的意见》（中办发〔2011〕22 号）明确规定政务服务大厅为行政机构，但受机构和编制的严格约束，河南省、市、县各级政务服务中心均为事业单位，但其工作中需要协调各行政部门，“小马拉大车”的矛盾十分突出。在事业单位体制下，大厅窗口设置和工作职能难以统一规范，人员管理模式也千差万别，影响到政务服务的实效。

地方建议：一是完善省、市、县、乡镇综合性政务大厅集中服务模式，推动政府部门统一进驻，原则上不再保留部门自设的专业服务大厅，实现群众和企业必须到现场办理的事项“只进一扇门”、能办所有事，通过法规制度加强约束性规范。二是大力推动业务协同、流程再造、服务集成，加强线上平台与线下大厅一体化建设、融合发展，优化服务窗口设置，尽可能多设置全科受理综合窗口，为群众提供统一便捷的前台服务。三是建立政务大厅与审批职能部门之间、各级政务大厅之间协同联动工作机制，从国家层面明确行政服务中心的性质和定位，赋予其统筹协调的行政权。

## 二、“互联网 + 政务服务”关键是要“织联成网”，重在优化用户体验

目前各部门、各级政府网上政务服务平台相互独立，普遍存在事项不全面、标准不统一、信息不共享、业务不协同等问题，

跨地区、跨部门、跨层级政务服务难以实现。全国范围看，仅有 9 个省份可以提供涵盖全部 10 类行政权力类事项的网上服务，一些省份省级事项网上可办率不足 40%。调研的一些政务服务大厅，后台处理仍然需要二次录入，未接入统一数据共享交换平台和政务服务平台体系。群众还反映，很多政务网和移动客户端大多是按“部门供给导向”而非“群众办事需求导向”来建设开发的，网站内容越来越繁杂，栏目设置如同迷宫，功能“中看不中用”，群众上网办事常常遇到“提供的服务不需要，需要的服务找不到”的尴尬。

地方建议：一是以国家政务服务平台为枢纽，尽快把全覆盖、全流程、一体化政务服务体系构建起来，形成全国一盘棋的政务服务格局，解决跨地区、跨部门、跨层级政务服务难题。二是延长网上办事链条，不断提升网上办事深度，提高网上办成率。三是以用户体验为中心，以用户需求为导向，以“清晰、简洁、实用”为原则，改进完善网上办事指引和模块功能，优化应用界面，拓展 AI 人工智能化运用，使网上政务服务全程可互动、进度可查询、效果可评价，打造“淘宝式”便捷高效的政务服务网，增强群众网上办事满意度。

## 三、政务服务标准化亟须加快推进、统一规范

标准化是推动政务服务规范化、透明化、高效化的重要抓手。近年来，各地都积极开展了标准化试点，探索制定了权力要素、审批流程、裁量准则和服务方式等标准。存在的主要问题是，各地各部门服务事项的申请条件、审查标准、办理流程、文本格式、办理时限等仍缺乏统一标准，有的地方标准五花八门、各行其是，导致办事随意性较大，群众经常无所适从。一些地区积极推进服

务标准化，但办事指引式规范较多、约束性规范较少。一些地区的政务服务中心受理事项不统一、材料要求不统一、办事流程不统一，同时统计口径也不一致，有的按主项分类，有的按子项分类。

对此，地方建议：一是从国家层面统一编制政务服务事项目录，对公共服务事项，按照同一事项、同一名称、同一标准、同一流程的要求逐项进行梳理，实现同一行政权力事项名称相同、编码相同、类型相同、依据相同，使企业和群众在不同地区、不同层级办理同一服务事项时，感受基本相同。二是加快制定“互联网＋政务服务”技术标准体系，实现政务服务事项清单标准化、办事指南标准化、审查工作细则标准化、线上线下服务标准化。

## 四、数据壁垒已成为制约“一网通办”的突出瓶颈，亟待自上而下破障除碍

地方同志普遍反映，数据壁垒、信息孤岛已成为制约“放管服”改革的关键障碍，也是个老大难问题。目前各地虽基本建设了政务服务电子网，但各部门专网系统过多且互不兼容，没有与政务服务平台联通。国家数据共享交换平台虽已发布第一批国务院部门数据共享责任清单，但仍存在“授权慢、落地难”等问题，特别是公民户籍、教育、就业、医疗、婚姻等基本信息仍处于碎片化状态。调研某市 37 个审批单位中，仍有 14 个部门使用专网系统办理审批事项，申请人的证照、申报材料、批文等不能实时共享，企业和群众办事仍要重复填报、反复提交，费时又费力。地方反映，数据信息的分散、割裂，根子在上面。有关部门不能、不愿、不敢共享数据信息的原因主要有三：一是系统多由国家部委或省级部门主导建设，地市级以下没有开通数据端口的权限，同时有关数据格式不兼容、标准不统一，也加大了数据共享交互的难度。

二是有的部门将信息视为一种私产或“数据权力”，以法律没有强制性规定、上级没有明确要求为由拒绝共享。三是有的部门担心历史数据不真实、不准确被问责，不敢共享业务数据。

地方建议，破解老大难，必须下大决心、用硬举措。一是加强国家层面统筹，明确“联网是原则、孤网是例外”的硬要求，制定时间表、路线图，加快清理整合现有分散、独立的平台系统，各部门要加快改造自有的跨层级垂直业务信息系统，并与各级政务信息系统对接。对于地方部门的自建系统，也要按照谁建设系统，谁负责对接的原则，压实地方责任，加快其与本地区政务服务平台和国家平台的统一对接。二是推进国家部委信息系统与地方的互联互通，重点抓好公共资源交易、人口、法人、教育、电力、空间地理、交通等重点领域信息向各级政府部门共享，建立公共信息资源开放目录，鼓励和引导社会化开发利用。三是建立容错免责机制，对由于客观原因导致有的历史数据质量不高且不存在违法违规行为的，可免于责任追究，以消除有关方面的顾虑。

此外，调研中还了解到，某市行政便民服务中心与某国有银行开展了深度合作，银行利用互联网金融服务优势，免费为政府开发“网上市民之家”，探索了“互联网＋政务＋金融＋多场景便民应用”的综合模式。银行在提供便利化的银行开户、支付结算等金融服务同时，主动提供专业化的政务代办服务，受到企业和群众欢迎。通过引入社会力量参与政务服务提供，既有利于减轻当地财政负担、提高政务服务水平，也有利于为群众提供多元化的服务，延伸政务服务广度和深度，同时为参与建设方拓展客户，实现了三方共赢。这类实践探索值得总结推广。

# 任务再聚焦 落实再加力

## ——“放管服”改革专题调研报告之六

李宏军　刘军民　王存宝

近期，我们赴河南省就“放管服”改革落实情况和下一步改革重点进行了调研，主要情况报告如下。

### 一、普遍认为“放管服”改革效果显著，对继续深化改革期盼较高

企业和群众普遍反映，“放管服”改革力度空前，很多方面超出预期。过去五年，河南省级部门精简行政审批项目56%，市县级行政审批项目普遍减少40%以上。深化商事制度改革，大力推进“三十五证合一”，一步到位建成企业登记全程电子化网上服务系统，实现企业注册登记3个工作日办结，最快当日办结。建成了一体化的网上政务服务平台，为企业和群众提供一站式“政务淘宝”服务。市场主体明显感到手续简化了、办事容易了、成本降低了。随着改革深入推进，营商环境持续优化，地区竞争力也得到提升，2018年一季度，河南省新设企业数增长13.2%。

地方同志表示，“放管服”改革进入一个新阶段，既面临有利条件和难得窗口期，也面临着不少障碍和困惑。当前，地方“放管服”改革积极性高，企业和群众支持改革的氛围浓。同时，“放管服”改革也面临部门利益的阻挠、传统行政理念和管理体制的束缚，还有来自部门间数据信息壁垒的障碍、法律法规滞后的羁绊等。下一步“放管服”改革，需总结经验，因势利导，破障除碍，以更大的改革成效促进高质量发展。一是推动改革任务再聚焦。坚持问题导向，瞄准当前亟须解决的突出问题，从群众最期盼、最关心、最烦心的问题入手，确定改革的重点、措施和路径，使放权更精准、监管更有效、服务更优质。二是促进改革机制再完善。“放”“管”“服”三者是紧密关联、互为支撑的整体，统一于政府职能转变这个核心，三个领域的改革应统筹兼顾，增强改革的系统性、整体性、协同性，做到放之有度、管之有法、服之有效，同时确保放而不乱、管而不僵。三是确保改革落实再加力。在积极鼓励地方改革探索的同时，客观上也存在各地认识不一、目标不齐、标准各异的问题，亟须在总结好的经验做法基础上加强统一规范，强化改革顶层设计以及自上而下的部署，做到全国一盘棋，避免有关方面在落实改革上以各种借口推诿、打折、卸责，确保改革措施落地见效。

## 二、放权不彻底问题仍然突出，应更大力度放权到位，进一步激发市场活力

地方同志反映，这几年权力取消下放的力度很大，许多事项可以在县区级办理，深受企业和群众欢迎，但仍存在一些突出问题。一是权力放一半留一半。在下放事项受理权、审核权的同时，又要求由上级部门统一制证，或要求审批结果报上级备案，无形

中造成了对下级部门行使管理权的干预。比如，有的部门把“行政审批”调整为“行政确认”，但审批权并没发生实质性改变。企业名称核准虽然下放到市级以下，但“省”字头的企业名称的核准只能通过省工商部门的系统办理，权限实际上还是在省里。企业注销程序复杂，涉及多部法规，注册容易注销难，出现很多“僵尸企业”。二是权力边减边增。有同志反映，在减权限权的同时，一些部门又通过红头文件增加了很多证明、公示、年检、现场勘查等环节。有初创企业反映，他们一方面享受到简政放权的便利，另一方面被要求考创业孵化从业人员证、创业辅导师证等，并将企业持证比例与项目申报等挂钩，这些证书从资格证虽经改头换面，成为上岗培训证书，但本质功能没变。三是放权遇到法律法规“天花板”。改革进入深水区，触碰法律法规“天花板”的情况越来越多。河南自贸区某片区推行投资项目承诺制、容缺审批改革试点，但按现行法律法规，环评、能评、灾评、消防、规划设计等许多事项按规定需要前置进行或单个进行，导致改革落地难，具体经办人员心里没底，担心出现履职风险，同时企业也担心秋后算账。四是许可依据未能与时俱进。有企业反映，其研发的新型超声波燃气表，与传统膜式燃气表相比，精度、使用寿命、智能化扩展等方面都具有明显优势，但由于现有型式批准目录中没有相关名录，省质检部门不予颁发型式批准证，导致产品无法上市销售。

对此，地方建议，放权要进一步解放思想，更加彻底地还权于市场、还权于社会。比如，出让类土地在建设用地控规图则、土地出让合同中，就已明确了建设用地的范围、面积、用地性质和规划设计条件等，建议取消这类土地的建设用地规划许可。投资项目审批中涉及大量的技术性审查和评估事项，不仅耗时费力，也带来责任不清的弊端，建议大幅取消，明确由具有资质的设计和建设单位对工程质量终身负责，出了问题严加惩处。同时，建议增强放权的协同性，上级部门在下放权力时，应充分考虑基层实际需求和承接能力，做到有的放矢，确保接得住、管得好。

## 三、事中事后监管遇到不少路障，需强化监管能力和手段，营造公平发展环境

调研中普遍反映，“放管服”改革进行到现在，“管”的问题更加凸显，加强监管能力建设显得日益迫切。一是基层综合执法整合难。现有基层执法机构性质有行政机构、参公事业单位、差额事业单位等多种类型，不同性质执法机构的人员工资、执法经费水平不同，整合过程中机构身份、人员身份难以过渡，整合阻力较大。二是“双随机、一公开”监管基层落地难。部分专业性强的执法领域，对执法人员技能要求高，与其他执法领域通用性差，使得“双随机、一公开”监管难以普遍适用。基层执法力量不足也限制了“双随机、一公开”的普遍应用，比如某地人社部门从事工伤认定的只有两个人，而执法要求必须两人同时到场，导致无法落实随机抽查要求。三是监管能力不足。监管事项下放后，基层现有人员素质难以适应全领域执法的需要，存在接不住的问题。特别是一些事项层层下放到基层，事权和责任不相适应的矛盾比较突出。比如，电力安全生产监管下放到地市后，市级有关部门反映尚没有这个监管能力和技术手段。四是问责担忧心理明显。实施“双随机、一公开”抽查机制后，如果未抽查到的市场主体出现问题或被抽查到的市场主体出现抽查事项以外的问题，监管人员应担负何种责任，目前还不明确，存在被追责的担忧。

对此，地方建议，在机构改革中对综合行政执法机构的性质、

编制等进行科学设计，更多向基层倾斜。从国家层面出台“双随机、一公开”抽查条例或办法，对抽查制度的法律地位、实施范围、与其他监管方式的关系、随机抽查后的监管责任等进行明确，消除基层对履职风险的顾虑。同时，加强监管队伍建设，培养“一专多能”“全科医生”式的监管人员队伍。

此外，调研中地方同志反映，公用事业服务垄断性坚冰难破。供水、电力、通信、燃气等公用事业相关的服务流程不规范、标准不透明、垄断色彩浓，相关的维修、服务事项只能由这些部门提供，否则就通不过验收，霸王条款、价格高、服务差等现象还很普遍。建议针对这些问题，加大治理力度。

# “放管服”改革面临的难题与破解之道

## ——“放管服”改革专题调研报告之七

苑衍刚　郑真江　方广宇

赴湖北、安徽调研组就两省“放管服”改革中的新情况进行了调研，报告如下。

### 一、两省的特色做法

——千难万难，领导重视就不难。“放管服”是系统工程，改革越到深处，越触及深层次权力和利益调整，阻力和难度越大，越需要加强统筹性、协同性、权威性。两省均把“放管服”作为“一把手工程”、树立“一盘棋”思想，强力推进。湖北把“放管服”作为落实“建成支点、走在前列”战略部署的重大改革，实施“七大工程”。武汉市推出了“马上办、网上办、一次办”，被作为典型案例推广。安徽实施“四送一服”双千工程（组织千名机关干部，深入千家企业，送新发展理念、送支持政策、送创新项目、送生产要素，服务实体经济），着力打造审批最少、收费最少、效率最高、透明度最高的“四最”营商环境，实现了“干部走下去、问题收上来、措施落下去、服务跟上来”。

——简政为先，探索优化审批新路径。湖北探索企业投资项目“先建后验”改革，只要企业承诺在规定期限内办完相关审批所需的手续，即可先协调规划、国土等窗口出具预审意见，先核发施工通知单，边建设边完善手续。同时，推行“多评合一”和区域统一评价，不再“一事一评”“一企一评”。试点后，黄石市投资项目从立项到开工的审批时限由原来的79个工作日缩短到28个工作日，襄阳市工业项目的审批时限从111个工作日压减至30个工作日。合肥市对重点投资项目实行“缺件受理”审批，针对消防、规划、人防、环保等8个窗口的17个审批事项，实行先办后补的工作模式，并对有关部门实行“缺席默认制”，大大提升了审批速度，全市达到“7+20”（发改委办理时限7天、中介机构评审时限20天）的要求。

——信用为本，打造高效监管新模式。湖北在全国率先开发应用企业信用信息公示系统、市场主体信用信息共享交换平台，建立企业年报公示、信息归集共享、经营异常名录、严重违法失信名单、双告知、失信联合惩戒等新机制。安徽通过信息推送共享，推动政府部门在工程招投标、土地出让、授信审批等方面对失信主体予以惩戒，构建起“一处失信、处处受限”的共治格局。

——重拳出击，整治中介服务乱象。湖北在14个重点领域开展“红顶中介”专项治理行动，清理、规范、取消和调整行政审批中介服务事项66项，同时推行网上中介服务和政府购买中介服务，促进规范化透明化。安徽建立了省市县乡四级全方位公共服务清单和省市县三级全口径行政权力中介服务清单，让公共服务做“加法”，中介服务做“减法”。

——标准先行，推广政务服务标准化。湖北制定《行政许可事项编码规则》等3项地方标准，逐项编制服务指南和审查细则，全面推行受理单制，实现标准化审批、阳光审批和“无差别审批”。安徽完成了全省政务服务事项标准化，基本建成覆盖省、市、县、乡、村五级的一体化网上政务服务平台，合肥市顺利通过国家级行政服务标准化试点项目评估。

## 二、两省改革中遇到的新问题及建议

（一）改革于法无据的问题。近年来，“放管服”改革对行政权力进行了较大幅度的调整，但相关法律法规修订相对滞后。比如，关于深化投资体制改革的决定出台后，对于非控制和限制类项目不再实行行政许可，改为属地备案，原先的前置性审批变为后置开工前的要件，而相关规划、住建、环保、水保等法规并没有及时修订。再如，《行政许可法》规定，行政审批受理环节需要提交全部申请材料，而湖北、安徽两地均推行了“容缺受理”改革，即允许将部分申请材料延后至现场评审环节提供。这项改革就因无相应法律依据，存在被追责问责的风险。还如，有些开发区开展了区域性统一评价，但相关法规要求每个入驻项目必须办理审批。建议加快相关法律法规修订进程，各部门的规章、规范性文件应当在一定时限内完成清理，该修则修，该废则废，缩减改革错位期。在部分试点地区可暂停执行某些法规。完善容错纠错机制，将“放管服”改革中的尽职免责和追责问责情形具体化，给地方可操作的依据。

（二）政出多门、“红头文件”打架的问题。涉及多部门联合审批的事项还存在放权不同步、上下权力清单不一致的现象。如《企业投资项目核准和备案管理办法》明确项目备案为开工前办理事项，不再作为国土、住建、环保等部门的前置事项，而原国土资源部门规定，需备案的建设项目在办理备案手续后，由建设单位提出用地预审申请。简政放权中还出现了一些新动向：少数部门由揽权争利转向推权卸责；有的看似把权力下放了，但放权不完整，或者还要备案，总有一根线牵着；有的借口放了就乱，变相收回已放的权力；有的不与其他部门协调，你放我不放。建议协调各部门同步下放权力，防止改革措施部门化、碎片化，避免因改革不衔接给市场主体造成新的负担；纠正以备案等方式存在的名放实不放问题。

（三）基层对下放权力“接不住”“小脚穿大鞋”的问题。一些地方出现了下放过快、过于集中的现象，基层部门业务骤增、责任骤增。据湖北省统计，目前大约5%的审批工作量在省级、25%在市级、70%在县级。基层人员编制、专业能力、监管力量、经费都明显不足，而且面临人员不足、业务知识更新不及时等问题。权力下放了，人财物并没有下放，尤其是县一级的审批程序和制度建设都还没有完全到位，容易出现把关不严、监管不力等问题。建议结合这次机构改革，调整优化基层机构和职能，促进人员编制和专业力量等下沉，职能划分上宜统则统、宜分则分。建立联合评审、测试、勘测、验收等机制，推进跨部门综合执法，引入第三方评估监测，提高运用大数据等新技术进行监管的能力。这样既能缓解基层力量不足的问题，又能减少对企业的干扰。

（四）企业投资项目审批存在较大优化空间。两地均反映，目前投资项目审批仍然存在盖章多、资料多、收费多、环节多、审批长等“四多一长”问题。如环评法规定环评审批时间报告书60天、报告表30天。湖北采取措施将审批时间压减为报告书40天、报告表20天后，尚存一定压缩空间。企业普遍反映，工程建设项目施工许可审批环节过多，专家论证、区域评估缓慢，勘验、测绘、审图等时间长。建议加快完善投资项目在线审批等平台，总结推广一些地方“容缺受理”“先建后验”等做法，简化审批程序。

（五）中介乱象仍需整治。中介服务项目存在数量多、垄断性强、收费总量高、服务时限长的问题，同时监管分散、缺乏规则。两省企业普遍反映，工程建设项目乱收费主要集中在招投标环节的招标代理费用、信息服务费用、产权交易手续费等，这类中介所能提供的服务与收费标准并不匹配。检验检测认证等领域问题比较突出。安徽一家叉车企业反映，叉车吊车等特种设备和专用机动车辆，在企业已获得产品合格证和车辆出厂检验报告后，仍需到特种设备检验机构申请牌照，这一过程需要1个多月；这些车辆如到异地生产经营，由于各地检验数据不联网、报告和牌照不互认，还需再次向所在地申请检验、发放牌照；而这些车辆定期检验仍要运回到注册地。这些不必要的环节大大增加了企业运营成本。建议加快规范特种设备检验检测，推进数据联网和异地牌照互认，重拳整治工程建设项目招投标环节的各类收费。

（六）群众和企业办事仍有许多堵点痛点。企业和群众办事反映最大的问题是，对办事流程和相关政策不清楚，跑冤枉路，“先照后证”改革后，审批项目总量仍然较多。湖北省企业工商登记后需要办理后置审批的事项仍有200多项。一家安徽企业反映，企业变更经营范围、搬迁地址、注销、银行开户等程序都很繁琐，注册“预核名”需3个工作日，商标注册提交后3—6个月才能受理，存在很大压缩空间。建议以优化用户体验为核心。提升各部门和政务大厅办事效率，所有面向企业和群众的项目，都要公开办事流程和需审批事项，并做到过程可查询、审批全程留痕。全面清理各种证明和手续，加快“照后减证”。加大各部门信息共享公开力度，做到“应上尽上、全程在线”，方便调用和公开查询。

拓展“互联网 + 公共服务”，将教育、医疗、水电气暖、养老、社保等更多事项纳入网上办理。升级优化网上办事大厅，推进移动终端办理、自主查询、打印证照等各类凭单，让群众坐在家里，通过手机就能把事办成。

# 以“放管服”改革激发科技创新活力

## ——“放管服”改革专题调研报告之八

苑衍刚　郑真江　方广宇

赴湖北、安徽调研组着重对科技创新领域推进“放管服”改革的情况进行了调研，报告如下。

### 一、高校和科研院所自主权明显扩大，但不少政策还没有完全落地

两省普遍认为，近年来出台了一系列有力度的放权政策，极大激发了创新活力。湖北以建设国家创新型省份为引领，出台了高校和科研院所“放管服 17 条”，凡是高校和科研院所能够自主管理的事项，尽量全部下放。安徽把促进创新作为重点，采取了一些重大改革举措。两省都有一些新探索。如湖北对事业单位科技成果转化收益、绩效奖励、高层次人才协议工资或年薪等，不纳入单位绩效工资总额控制。安徽探索高校等事业单位“编制周转池”制度，使沉睡的编制“数字”成为活化的“生产力”。湖北省和安徽大学都采取了高校院所承担横向课题经费由研发团队

按合同约定自主安排、允许科研人员在课题中获得劳务收入等改革措施。同时，两地反映，高校和科研院所在人员编制、工资分配、选人用人、学科设置、科研管理、成果评价、职称评审、设施设备开放共享、教研人员临时出国、基建项目审批等方面，自主权还不够或不落实。如，国家鼓励创新团队和领军人才拥有更多的人财物支配权和技术路线决策权，但受制于学校的管理体制、工资总额限制等，难以落实。再如，某部属大学反映，部属高校和科研院所无法享受地方创新创业政策。还如，国家在推进科研仪器设备开放共享方面已出台具体办法，但由于责权利不明确，一般按成本补偿和非营利原则收取费用，单位往往持“多一事不如少一事”的消极心态，导致共享率很低。

建议：一是加大编制、用人和职称改革力度。统筹事业单位编制资源，推广“编制周转池”制度。落实高校用人自主招聘权。二是扩大高校薪酬分配自主权。重大科技奖励、科技成果转化收益、绩效奖励支出、科研人员兼职兼薪、高层次人才补贴等，可不纳入工资总额控制。对高层次人才可以采取年薪制或协议工资制。对参与国家或地方重大科技攻关的科研人员，采取灵活的薪酬制度。三是落实研发团队科研自主权。研发团队对项目经费使用有充分预算调整权，提高人员费比重，允许有工资性收入的科研人员获得劳务收入。承担横向委托课题的经费，由研发团队按合同约定自主安排，不再按纵向课题管理。四是允许高校、科研院所等事业单位对所属科研设施设备，有自主经营权、使用权和收益权。五是试点允许部属高校、科研院所适用所在地创新创业政策。

## 二、科技成果转化率有所提升，但需细化完善支持政策

湖北省实施“科技成果大转化工程”，推出“科技十条”“新九条”

等系列政策，2017 年技术合同交易额超过 1000 亿元。安徽省深挖大院大所资源潜力，设立成果转化基金，推动科技创新与产业创新融合发展。两地高校院所和企业认为，科技成果转化政策极大激发了科研人员积极性，但实践中仍存在一些亟待完善的地方。如，某大学反映，现行税收政策将科技成果作价入股视同销售行为，单位按规定需要当期缴纳增值税和所得税，不能缓缴，而一旦转化失败，前期纳税直接成为资产损失，单位承担的义务与可能获得的收益不匹配，影响了转化积极性。再如，现行政策明确转化中“勤勉尽责”可豁免决策责任，但有的单位领导倾向于慎用甚至不用免责条款；有些单位设置了国有资产优先保价回购、增资扩股不降低国有股比例等限制性条件，变相抬高了转化门槛；还有的单位“重程序轻结果”，从评估、备案、公示到集体决策，成果转化的“马拉松”现象仍然存在。还如，高校、科研院所和国企普遍担心，科技成果产业化一旦失败，国有资产就不能算是“保值增值”，单位业绩考核就会面临巨大压力，这反过来降低了转化的积极性。

建议：一是降低高校院所科技成果转化的税负。参照科技成果转化中个人税收优惠政策，将单位成果作价入股视同股权转让，当期不缴纳增值税、所得税，待转让、出售等取得实际收益时再征税。二是细化成果转化决策的勤勉尽责规定。重点看是否经集体研究决定、个人是否从中谋利等，只要履行正常手续，就不应事后追究决策责任。三是改革科技成果转化保值增值考核办法，提高对转化失败的容忍度。

### 三、国有科技类无形资产大量增加，但制度空白亟待填补

近年来，随着科技成果大量交易、转化、应用，管理中的问

题暴露出来。目前各高校、科研院所和国有企业的国有科技类无形资产，通常参照有形资产进行管理。而一旦纳入国有有形资产管理，就要在备案、登记、审批、确权、变更等方面履行繁琐的程序，严重制约成果转化效率和科技类初创企业发展。虽然目前已经将科技成果使用权收益权处置权赋予承担单位，但现实中仍存在很多问题。比如，有关法规已明确科研单位转化科技成果不需审批或者备案，但有关部门关于《国有资产评估项目备案管理办法》中规定，仍要首先向其主管部门备案，再报送备案汇总表。再如，科研单位一旦采取科技成果作价入股方式，无论参股比例高低，所参股企业在股权登记、增资扩股、股权变更等过程中，都需要履行漫长的国资管理程序。某大学反映，从2014年起该校资产公司参股的20多家企业陆续提交了产权登记等申请，但至今无一例办结，其中一家“准独角兽”企业错失了上市最佳时机。还如，科技成果转让定价也使高校院所陷入“定高了难以实现、定低了易被指责”的两难境地。

建议：一是抓紧出台国有科技类无形资产管理办法，与有形资产相区分，对其使用处置、评估定价、登记备案、审批考核等作出明确规定，使过程更简约、高效、利于转化。二是将国有科技类无形资产登记、作价方式、定价、股权变更、转让减持等权利赋予高校院所，取消大部分审批或备案，并通过事中事后监督来保障国有利益不受损害。三是按照所有权与经营权分离的原则，鼓励高校和科研院所搭建国有科技类资产运营平台，加强统一投资运营管理。四是深化科技成果产权制度改革，选择部分高校院所开展科技成果所有权或长期使用权改革试点，探索科技成果混合所有制、共有产权等新机制。

## 四、股权激励等人才政策深受欢迎，但受益面仍然较小

武汉东湖国家自主创新示范区是较早开展股权和分红激励的试点地区，迄今已有 72 家国有企业和校办企业试行了股权激励。合芜蚌试验区实施了 59 家科技企业股权和分红激励。某电子科技集团的一个研究所开展股权激励试点后，大大激发了科技创新和产业化活力，员工收入和积极性明显高于同处合肥的其他院所。目前主要问题是政策惠及面太小，一些高校院所、国有企业仍在观望。同时实施中也有一些具体问题。如针对个人的股权奖励递延纳税没有明确应在哪里、向哪个部门备案，基层税务部门也不熟悉，存在备案难、不备案的情况，增加了科研人员违法违规风险。再如，国企对员工持股的态度较为审慎。2016 年国资委《关于国有控股混合所有制企业开展员工持股试点的意见》提出，员工持股总量原则上不高于总股本的 30%，单一员工持股比例不高于 1%。对一些科技成果作价入股的企业来讲，单一科研人员的持股比例可能要远远超过 1%。还有企业反映，现在科研人员到企业兼职的评价认定问题迟迟未解决，甚至被认为是“捞外快”，实际上，德国等一些国家的应用型技术大学反而是要求教授必须有非学术性机构从业经历。

建议：在更大范围内推广股权和分红激励、兼职兼薪等政策，支持国企尤其是国有科技型企业、高校、科研院所加大实施力度，同时加快完善配套政策。

## 五、大众创业万众创新活力迸发，但壮大新动能仍需加大“放管服”力度

大家认为，“放管服”“双创”与新旧动能转换一脉相承、

相得益彰，凡是“放管服”与“双创”搞得好的地方，新动能成长动力更足。同时，创新创业领域还存在一些体制机制障碍。比如，现行法规、监管制度与共享经济等新技术新业态迅猛发展的态势不匹配。有企业反映，现在叉车、场地车等特种设备共享租赁业务蓬勃兴起，但部分地区不接受异地牌照车辆，制约了流动作业。有企业反映，《消化内镜诊疗技术管理规范》对胃镜检查提出了非常严格的要求，只有二级以上医院才能达到，且要求严格的消毒环境，但一次性“智能胶囊”内窥镜上市后，就不需要过去那样的环境，可以在基层医疗机构广泛推开，但按现行技术规范仍不允许。再如，近年来各地新型研发机构成长迅猛，大大加速了科技转化为生产力，但由于这类机构身份和定位不清晰，无法享受国家的一些优惠政策。

今后，对新兴产业，完善监管规则，探索多元参与机制，健全首台套技术装备支持政策；对新兴“双创”平台，加大支持力度，赋予更灵活的用人等权利；对新兴创业群体，完善社会扶持、风险分担及救助、再就业等机制，营造良好的创业创新生态。

# 深化“放管服”改革须把握好四大关系

## ——“放管服”改革专题调研报告之九

马志刚　张凯竣

如何看待“放管服”改革的进展情况？进一步深化改革、优化营商环境须注意哪些问题？近期我们对专家学者的相关意见建议进行了总结梳理。现将主要情况报告如下。

### 一、把握好改革中地区性探索与系统性推进的关系

专家们普遍认为，在“放管服”改革过程中，不少地方结合本地实际，大胆探索，勇于创新，形成了许多好的做法。比如，“最多跑一次”“容缺预审”“标准地”“区域评”等，有力改善了营商环境。

然而，随着改革的深入，地区间“放管服”工作缺乏统一性、联动性、协调性的问题也凸显了出来。比如，不少地方都在推进行政审批服务标准化，统一辖区内审批服务事项的名称、标准、流程等，这对提高审批效率非常必要，但由于是“各自搭台、各自唱戏”，部分领域也出现了“一个地方一个标准、全国没有标

准”的现象。又如，“多证合一”改革缺乏相对统一的标准依据，导致有的“五证合一”，有的“二十二证合一”，还有的“三十四证合一”，给营业执照整合后跨区域应用带来一定障碍。再比如，地区间存在放权不同步，在一个地区确定为保留的审批事项，在另一个地区确定为下放，在其他地区则可能改为备案或取消。

专家们建议，现在“放管服”改革已经站在了新的起点上，有必要对各地涌现出来的改革创新举措，进行全面深入总结梳理，将能够复制的成熟做法尽快完善推广。同时，兼顾单兵突进和整体推进的平衡，加强顶层设计和统筹规划，增强上下改革的联动性。

## 二、把握好改革中优化政府服务与发挥市场作用的关系

“放管服”改革的一个显著成就，就是政府服务意识不断加强。这几年各地竞相推出“特色”服务项目，甚至搞起了“服务竞赛”。有的成立了“店小二办公室”，有的推行“代办制”，为企业提供接洽、审办等全流程、精准化的免费服务，“店小二”、代办员等或由在职公务员兼任，或为有关部门招聘。这些服务创新举措，有效缓解了群众和企业办事过程中信息不对称等问题，促进了营商环境改善，也让公务人员对群众和企业“办事难”有了切身感受，增强了他们的宗旨意识。

专家们认为，各级政府服务意识增强，是件好事，改革的一个重要目的就是要把政府服务的能力和水平提上去。同时，也要防止出现政府“大包大揽”“无所不管”的倾向。有专家就对“代办制”等探索的科学性提出质疑，认为有的市县每年动辄为“代办制”支出上亿元财政经费，如此“免费午餐”不仅难以持续、容易吊高市场主体“胃口”，还会抑制中介服务市场的正常发展。当前既要解决传统意义上的政府“缺位”“失位”问题，也要防

止出现新的“越位”“错位”问题，避免越俎代庖、过犹不及。

专家们提出，现在建设项目报建审批、货物通关效率慢等，与中介服务市场不发达有很大关系。比如，环评需要编制环境影响报告书，这往往是环评中最耗时的环节，耗时长的一个重要原因就是相关中介机构数量不足、能力不强，导致常常出现排队等候和报告书返工等现象。不少专家建议，进一步深化“放管服”改革，应根据政府的五大职能（宏观调控、市场监管、公共服务、社会管理、保护环境）定位，反思一下究竟哪些服务是政府自身应加强的，哪些服务是应交还给市场的，进一步划清政府和市场的界限；特别要注重发挥好行业协会、服务中介等作用，在打击清理“黑中介”、规范整治“红中介”的同时，大力鼓励发展“白中介”，把凡是中介组织能够接得住、管得好的事项，从政府部门手中逐步转移出来，交由这些专业化机构负责。

## 三、把握好改革中快与好的关系

这些年各地深化“放管服”改革的积极性持续高涨，纷纷提出可量化的改革目标。比如，有的地方提出了“3550”改革目标，即开办企业 3 个工作日内完成、不动产登记 5 个工作日内完成、工业建设项目施工许可 50 个工作日内完成。还有的地方提出了“2440”目标。专家认为，这种做法通过明确具体目标，层层传导压力，倒逼基层和相关部门自我求变、主动协同，效果很好，值得大力推广。

但有专家也提醒，要防止出现加码追求速度、“萝卜快了不洗泥”的倾向。比如，国家规定报告书类环评要在 60 天内完成，而有的地方则要求在 12 天内完成，当地相关工作人员反映，这个时间仅够完成法定公示环节。又如，一些地方过多注重放权的数量目标，实施“部门端菜”、分头推进，较短时间内大量审批事项被取消下放，但由于不协调、不衔接、不配套，基层人力、财力不足，导致权力下放监管没跟上、权力下移基层没接住，出现了监管“真空”。

专家们提出，深化“放管服”改革应坚持质量第一，尤其是在简政放权上既要积极推进，又要细心稳妥，不能做表面文章，以数量论英雄。要开展“回头看”，对已下放的重要事项进行效果评估。对存量拟下放审批事项，应组织专家、相关市场主体进行听证分析，科学合理确定哪些该削减、哪些该加强。

## 四、把握好改革中政策创新与法制保障的关系

当前，随着“放管服”改革进入深水区，碰到法律法规“天花板”的情况越来越多，一些改革实践或得不到合法性授权，或与法律法规以及有关红头文件“打架”。比如，一些地方开展相对集中行政许可权改革试点，但用于指导行政审批的上位法、部门法规都没有修改，事项划转行政审批局后缺乏上位法支撑，导致本地行政审批局盖的公章在外地得不到认可，企业有时不得不“新章老章一起盖”。再比如，这些年涌现出了不少新产业、新业态、新模式，但法律法规上仍属于“空白地带”，在现实管理中只能按照传统产业类别来管，有的地方想要创新审批和监管方式，由于缺乏相关法律依据，担心存在追责问责风险。

专家们提出，改革开放40年的一条重要经验，就是坚持在法治下推进改革、在改革中完善法治，改革与法治唯有携手并进，才能降低改革的风险和成本，这一点在“放管服”改革中也尤为关键。现在，一些行政审批项目取消或下放后，相关法律法规规章的修改废止未及时跟进，导致基层难以遵循操作，对进一步简

政放权产生了阻碍。

不少专家都建议，要按照重大改革于法有据的要求，加快推进相关法律法规的立改废释。对实践证明已经比较成熟的改革经验和行之有效的改革举措，要尽快以法律法规的形式固定下来。对不适应改革要求的法律法规，要及时修改和废止，不能让一些过时的条款成为改革的“绊马索”。对实践条件还不成熟、需先行先试的，要按照法定程序作出授权，为地方大胆试、大胆闯提供法律依据。对于地域性特点较强，不适合强制推广的，也要提出明确意见，供其他地区有选择地学习借鉴。

# 国外优化营商环境的做法和启示

## ——“放管服”改革专题调研报告之十

马志刚　张凯竣

如何进一步优化我国的营商环境？发达国家或地区有哪些好的做法？我们对国外的一些典型做法进行了研究，他们的经验值得借鉴。

### 一、优化注册登记流程，缩短企业开办时间

企业注册登记便利度，直接影响市场主体创新创业的热情。世行营商环境报告排名中靠前的国家或地区，在这方面一般呈现三个特点：一是准入条件宽松。普遍实行准则主义或严格准则主义。准则主义最大的特点是公司设立手续简便，只要符合国家法律规定条件即可成立；严格准则主义以准则主义为基础，对公司设立要件、公示等做了进一步严格规定，但仍以形式审查为主。二是环节相对较少。在美国，企业登记注册一般只需由申请人提交相关文件至州务卿，经审查批准并交纳登记费后，即完成公司注册程序。在新西兰，开办企业少到只有 1 个环节，0.5 天就能办

结。三是实行无纸化登记。早在1999年，日本政府就制定了《关于通过电信线路提供登记信息的法律》，近年又建立了统一的公司信用信息公示平台，实现全程网上登记。在新加坡，企业选名、印章制作、社保登记等环节均可在网上完成，最快可在1天之内拿到执照。与传统企业登记方式相比，无纸化登记可大大节约社会成本，既方便企业申请人，也通过网上预审、受理、核准、发照减轻了业务人员工作压力。

相比而言，我国企业开办流程还比较繁琐。应积极借鉴发达国家或地区经验，推动更多领域的企业开办向形式审查转变；优化办理流程，推行“一窗受理、并行办理”等模式，压缩企业开办环节；完善无纸化登记制度，推动企业开办事项相关数据的共享交换，进一步拓展电子营业执照的适用范围。

## 二、精简审批事项，充分发挥中介组织作用

审批效率是决定企业营商环境优劣的关键所在。英国为激发企业的创造力和持续竞争力，2014年发起了一场叫作“挑战文牍”的运动，审查、废除、完善已经过时或过于复杂的审批规定，大幅减少政府部门涉及审批和监管的法律法规数量。新加坡在投资准入审批方面实行自由港政策，除涉及污染环境及危害公共安全等特殊行业外，对外商投资企业几乎没有限制；项目审批方面成立专门负责审批的经济发展局，一个外国投资项目从申请到批准设厂20天以内就能办成。经济发达国家还普遍高度重视发挥中介组织的作用，把大量审批权力特别是技术性审批的权力，下放给行业协会或具备资格的社会团体，政府部门集中精力对审批事项进行监督。像在美国，商会、行业协会等中介组织，都行使着许多行政审批职能。

这些年在“放管服”改革过程中，我国大量审批事项或取消或下放，审批效率显著提升。但也要看到，准入后“办证难”问题、建设项目报建审批慢问题，仍较突出。应围绕减环节、减时间、减成本，扩大许可事项改革覆盖面，更多采用取消审批、审批改备案、告知承诺等审批方式。充分发挥中介组织的作用，不仅可以提高公共服务质量，而且有助于减轻政府压力和负担。应培育发展专业化中介市场，进一步把超出政府职能范围的审批事项剥离出来，通过各种方式交给中介组织去办理，让专业的机构办专业的事。

## 三、重视企业信用约束，引入第三方监管

美国、德国等发达国家社会信用体系完善，现代信用服务业发达，事中事后监管过程中信用监管占有相当分量。对企业或个人提供的信息，政府部门原则上将其视作企业或个人的信用承诺，并建立了严格的失信惩戒机制。对失信的企业和个人，不仅在政府部门办事受到限制，甚至在全社会也难以立足。同时，为了提升政府监管效能，避免政企不分，发达国家还大力培育、引进第三方监管。美国承担行业监管职责的独立机构，一般都以委员会的形式存在，比较典型的如美国联邦通信委员会、美国证券交易委员会等。进行行业监管的主要方式包括：制定行业规章和技术标准、配置专业资源、开展专业的安全调查、处理客户投诉、对违规企业和商品进行处罚等。

我国进一步深化“放管服”改革，应着力整合工商、税务、土地、房管、海关、公安等部门掌握的企业信用数据，加强与第三方征信平台的合作，完善社会征信体系，大力推进信用监管，健全“一处违法、处处受限”的关联处罚机制，大幅度提高违信成本。进

一步加强事中事后监管，加大第三方专业机构监管能力建设，拓宽公众舆论监督渠道，逐步形成政府、市场、社会共同参与监督的格局。

## 四、强化法制保障，打造法治化营商环境

用法律来规范行政审批行为，是很多发达国家都坚持的一个重要原则。在日本，每一项行政审批都要于法有据，对没有法律依据的审批制度一律视为无效。美国各个城市都制定了地方性法规，对监管者和市场主体的权利义务作出详细规定。例如，纽约专门制定了《摊贩管理条例》和《摊贩保护第一修正案》等城管类法规，使摊贩和执法者的行为均有法可依，从根源上避免了异议和冲突。新西兰投资监管政策法治化程度高，是其营商环境备受好评的原因之一，其外资监管政策，无一不是通过法律条文的形式加以明确。

良好的营商环境，必然是一个公正的法治环境。只有有法可依、有法必依，才能形成公平竞争的市场秩序，让市场主体明确行为边界、形成稳定预期。进一步优化营商环境，应以保护产权、维护契约、统一市场、平等交换、公平竞争、有效监管为基本导向，着力完善社会主义市场经济法律制度，积极推进各级政府事权规范化、法律化。对一些与现行法律法规发生抵触的好探索、好做法，应加快推进相关法律法规的立改废释，用法律的形式把改革成果固定下来，为“放管服”改革保驾护航。

## 五、发展电子政务，提高网上服务水平

发展电子政务已成为世界各国进一步提高行政效率、节约行政成本、优化公共服务的重要举措。韩国政府电子化公共服务的

发展程度和精细化水平全球领先，为更好方便公众办事，这些年对上千项为民服务事项涉及的部门及工作流程进行了梳理整合，确保了公众访问网站时享受一体化链条式服务。英国政府提出“公众与政府打交道就要像看电视更换频道一样简单”的理念，实现网上办事的“一户名”登陆、“一窗口”办理、“一站式”服务，让用户在5次点击之内就能获得所需要的大部分信息与服务。新加坡是最早将电子系统引入公共管理的经济体之一，早在1992年新加坡税务局就开发了一套完整的计算机化税收征管系统，极大提高了纳税申报效率。

在现代信息社会，利用“互联网+”的水平，在一定制度上决定着政府服务的效率。现在我国的“信息孤岛”问题还很突出，已经成为提高政府网上服务水平的最大瓶颈。应对各类信息系统进行全面梳理，加快推进国务院部门之间、部门与地方之间的信息互联共享，在确保信息安全的情况下，限时分类分级开放对接、查询服务。

# 以“双随机、一公开”理念规范和创新重点监管制度

李钊　张军立　邢建武

近日，我们就规范和创新重点监管制度与相关部门进行专题研究。现将有关情况及建议报告如下。

**一是重点监管仍然大量存在，监管理念有待转变。**据多个部门反映，目前各级监管部门均积极开展“双随机、一公开”监管，并取得了很好效果，但出于实际需要和履职追责的考虑，依然大量实施专项重点检查，有的与随机抽查“双管齐下”，有的仍作为监管执法的主要方式。例如，在食品药品、特种设备、安全生产、环保监测等领域，隐患多、风险大、后果严重，一旦出现问题相关人员将面临严厉追责，监管部门还“不敢”完全依靠随机抽查监管，对重点对象、重点区域仍然保持拉网式巡查。即便在最早实行“双随机、一公开”监管的海关系统，每年也有较大比例的专项稽查任务。

**二是重点监管短期效率高，但难以形成长效机制。**短期看，重点监管的执法目的和对象明确，可以集中有限力量实现较高效

率。据统计，2017 年全国海关常规稽查“双随机、一公开”监管有效率为 28.8%，而专项稽查有效率高达 75.1%。但从长期看，特别是在“大部门”制与综合执法改革背景下，常态化的重点监管难以为继。例如，很多县级工商、质监、食药部门实行“三合一”改革后，基层执法人员每年要按照上级部门部署，执行多达几十次的维护市场秩序、打击假冒伪劣、打击传销、特种设备安全、食品药品安全等专项突击检查，反倒重点不突出、企业不害怕，虽然监管部门忙忙碌碌、疲惫不堪，但各类违法问题仍是屡打不绝，监管难以发挥常态性威慑作用。

**三是“双随机、一公开”需要重点监管作为有效补充。**“双随机、一公开”适合市场主体“面”的覆盖，重点监管适合对违法线索和重大问题“点”的清除。例如，原工商总局 2018 年初发布的随机抽查事项清单，包括登记事项、公示信息、商标广告、流通领域商品质量等 8 大类 31 项常规性检查，而对于通过投诉举报、大数据分析、网络监测等手段发现的问题，则未纳入随机抽查清单，需要通过专项重点检查予以解决。生态环境部门日常监管采用“双随机、一公开”方式，一旦卫星监测发现问题区域，就不再采用随机抽查，而是对该区域相关企业逐一开展重点检查，确保及时排除污染源。另外，无证经营、黑作坊等因无法纳入随机抽查清单，往往成为“双随机、一公开”监管盲区，带来潜在市场风险，对此必须实施专项重点检查。

总体来看，现阶段我国市场机制尚不完善，一些行业领域发展还不够规范，新技术、新产品、新业态的大量涌现也不断带来新型监管问题，重点监管在一定时期和特定领域仍然不可或缺。全面推行“双随机、一公开”，不能片面强调随机抽查而忽视重点监管，二者并不是相互取代，而是各有侧重、相互补充，应根据市场状况和监管工作需要结合使用。“双随机、一公开”不仅是监管方式的重大创新，也是所有监管执法必须共同遵循的基本理念，同样适用于重点监管。因此，我们建议充分借鉴“双随机、一公开”监管理念，规范和创新重点监管制度，加强与随机抽查、信用监管的配套衔接，加快健全点面结合、公平高效的市场监管长效机制。

**第一，重点监管要严格限定实施范围。**按照“双随机、一公开”为主、重点监管为辅的总体定位，明确重点监管实施条件，逐步缩小实施范围、减少实施频次。一般应限定在以下三种情形：一是根据投诉举报、转交转办、大数据分析或日常监管发现问题线索，需要迅速响应、开展执法办案的。二是涉及国家总体安全、生态文明、民生健康等重点领域，发生重大突发事件并在面上存在严重风险隐患需要进行过筛式排查，或是需要执行国家统一部署专项行动的，例如污染防治攻坚、集中打击假冒伪劣、安全生产大检查等。三是“双随机、一公开”存在监管盲区的，例如无证经营、擅自生产、黑作坊等。

**第二，重点监管要执行提级报批程序。**为减少检查任性与选择执法，除国家统一部署专项行动外，各级监管部门实施专项重点检查前，应制定检查方案，建立“提级批准”制度。按照权责匹配原则，实行全国或省以下垂直管理的监管部门，应将专项重点检查方案报上级部门批准后实施；实行属地化管理的监管部门，区域性、跨部门联合检查应报属地政府批准后实施，常规性执法办案检查由本级部门主要领导批准后实施。不经批准，任何部门和人员不得擅自对企业进行执法检查。

**第三，重点监管要坚持公开公平公正。**多数情况下，专项重点检查事先确定检查对象，无须进行随机抽取。除此之外，其他执法要求应参照“双随机、一公开”监管规范，实行“单随机、一公开”，在满足专业性要求的前提下，检查人员必须随机指派，检查处置结果全部按时纳入企业信用信息共享平台予以公开，做到检查过程全程留痕、可追溯，最大限度保障监管执法公平性。需要对重点行业、区域进行过筛式排查的，可以采用100%的抽查比例，在“双随机、一公开”监管平台上组织实施。

**第四，重点监管要创新方式方法。**加强监管部门间的沟通协调，整合专项重点检查计划，减少“单打独斗”式检查，推进跨部门联合检查和综合监管，力争一次检查、全面体检。充分运用大数据、互联网、移动执法终端等工具手段，积极探索“智慧监管”，提高监管执法效能。加大信用约束、惩罚性赔偿力度，大幅提高违法成本，做到没问题不去企业检查、有问题绝不轻易放过，增强监管执法威慑力。

**第五，重点监管要健全责任考评机制。**明确“双随机、一公开”与重点监管的责任划分，通过“管精、管少、管好”优化监管资源配置，减少对企业检查频次。研究制定办案查获率、稽查有效率、布控查验有效率等指标，对每次专项重点检查进行评估，既保证检查成效又促进执法人员履职尽责，提升检查精准度和有效性。健全查办问题整改的长效机制，及时总结、通报专项重点检查经验，将普遍性、系统性问题及时纳入“双随机、一公开”监管清单，争取查办一个企业、规范一个行业。

# 推动卫生健康“放管服”改革向纵深发展的建议

王汉章

最近，我们对卫生健康领域“放管服”改革进展情况进行了梳理，与卫生健康委有关同志和部分民营医疗机构进行了座谈，大家对5年多来“放管服”改革取得的成效给予了充分肯定，同时对下一步改革也提出“五个转向”的建议。现将有关情况报告如下：

## 一、改革的主要特点和成效

在卫生健康委，一些工作多年的同志说，他们经历过多次简政放权等改革，本届政府力度之大、范围之广、影响之深，是前所未有的。概括起来有4个鲜明特征：

一是上下齐动。大家认为，这次改革是一竿子插到底，从中央部门到省、市、县甚至到乡，一起动起来，一些政府职能转变和审批权力进行“全链条”取消或下放。比如，卫生行政许可证，以前往往是上面取消了，基层仍保留一部分，现在是从上到下全部取消，单这一项措施，全国有23.79万户餐饮服务单位从中获益。

二是部门协动。卫生健康“放管服”改革大多涉及多个部门，不少审批事项还互为前置。改革必须协调行动，才能减少相互“踢皮球”、相互推诿、相互扯皮的现象。比如，鼓励社会力量举办医养结合机构，就需要卫生、民政、消防、环保、发改等部门同时跟进。现在，凡是涉及多个部门的改革，大家就一起协商、一起发文，有效解决了左放右不放、你放他不放等相互掣肘的问题，明显提高了办事效率。

三是政事互动。客观地说，改革之初确实存在把审批权力转移给下属单位和中介机构实施、实际权限还掌握在部门手里的情况。比如，一些饮用水或消毒产品审批权限就转到了其下属的中国疾控中心。现在，卫生健康委对委本级12项行政审批中介服务事项全部取消，中央指定地方实施的行政审批涉及的8项中介服务和证明材料也一并取消，对所有的中介审批彻底画上了“句号”。

四是措施联动。这次改革有减有增、有乘有除。在大力推动“放”的同时，还强化监管和优化服务，并积极推进公开政务、信息共享，全面提高了政府效能，可谓是“加减乘除”并用。比如，卫生健康委在取消下放行政审批事项同时，监管和服务的力度明显加大，仅在涉及饮用水和消毒产品方面就出台了7个规范性监督文件，同时推出了20多项便民惠民举措，使“放管服”改革相得益彰。

总体看，卫生健康“放管服”改革取得了显著成效。一是大幅压缩了行政审批事项。卫生健康委委本级21项行政审批事项取消下放了13项，压缩幅度超过60%。取消了9项中央指定地方实施行政许可事项，远超政府承诺的目标。二是有效缓解了群众看病难看病贵问题。简政放权等改革后，民营医院加快发展，从2013年的9786所增加到现在的18980所。2017年社会办医疗机构诊疗人次数达到了18.4亿，占总诊疗量的23%，在满足群众多样化多元化健康需求方面发挥了重要作用。三是调动了广大医务人员创业创新的积极性。改革执业医师管理制度，实行执业医师“一次注册，区域有效”。2017 年底，全国共有 10.5 万名医师从事多点执业，较 2016 年增长了 72%，其中超过 60% 到民营医院执业。四是激发了卫生健康领域投资活力。社会第三方调查显示，89% 卫生健康企业认为营商环境得到了大幅改善，促进了健康产业发展。这些年，卫生健康领域投资一直呈现两位数的增长，明显高于其他行业。2015 年全国发放涉水产品新增数量是 2013 年的 2.4 倍，消毒剂、消毒器械、抗菌剂备案数量分别是 2014 年的 5.2 倍、10.1 倍和 9.4 倍。

## 二、深化卫生健康“放管服”改革的建议

调研中，大家普遍认为，当前，“放管服”改革已经站在新的起点、进入新的阶段。从卫生健康领域看，下一步要突出抓好“五个转向”，把改革持续推向纵深。

第一，改革的主战场要从“上层”逐渐转向“基层”，进一步打通改革的“中梗阻”和“最后一公里”。我们梳理了国家卫健委本级保留的 11 个审批事项清单，有 5 项涉及食品、消毒产品、饮用水等安全的新材料，有 2 项是高致病性病原微生物试验和运输，有 2 项包括人体器官移植和造血干细胞库设置，这些都事关群众健康，需要严格审批。还有 2 项是外商独资医疗机构和甲类大型医用设备配置许可。外商独资医院开始在上海自贸区允许试点，但在试点中发现影响国家生物安全的问题，又被收回了；甲类大型医用设备目录审批，已经由 12 种减少到 5 种。总体看，取消下放的空间已经不多。而在地方，除中央指定地方实施的行政许可事项外，自己手中还握有行政强制、行政征收、行政确认、行政

备案、行政检查等权力事项，有的是以地方政府的文件进行规定，也有的就是部门的一个规章，根本分不清哪些需要审批，哪些不需要。比如，有的地方对申办社区诊所选址规定“五不可”：周边隔壁有学校或餐馆不可，公共写字楼、大型超市内不可，同一个地址门牌号内进行分隔不可，房屋层高超过5米以上加层的店铺不可，诊所小于40平方米不可。企业问是哪儿规定的，就推给上级部门，再去询问，根本没有这回事，其实就是地方部门自己下发的一个文件。一些民营医疗机构代表说，从国家层面看，经过几轮的“放管服”改革后，该放的大都放了，该取消的基本也取消了，而地方审批事项比中央要多，权力也大，问题最为突出。因此，下一步改革的重心要下移，把主战场转向基层，加大地方审批事项的清理整顿力度。

第二，改革的重点任务要从减数量转向建机制，进一步提升改革的质量。国家卫生健康委的同志说，这次改革对各地各部门提出了明确的压减指标，形成了倒逼机制，在较短时间内完成了“减肥瘦身”，下一步要在建机制上下大功夫，推进“放管服”改革制度化、标准化、规范化。他们建议：一要从国家层面研究制定“放管服”改革的3年或5年规划。改革是一项长期任务，现在都是每年临时下任务，随意性很强，必须从长远进行统筹谋划，加强对各地各部门的指导，这也有利于使全社会看到本届政府推动改革的坚定决心。二要对取消下放的审批事项抓紧制定规范标准。有的同志说，审批事项取消并不代表放任自流。比如，对医养结合机构设立问诊部或医务室虽然不再审批，但对怎样设立门诊部需要拿出一个技术规范标准，让企业有章可循。又如，现在许多事项由审批变为备案，但不同地方备案标准不一、宽严有别，给经营企业带来不少麻烦。还有的备案很严，几乎就是变相审批。

三要对保留的审批事项标准化、制度化，对事项的办理名称、办理要件、办理流程、结果评价、数据规范、技术要求等，都要有标准可查、有制度可依。

第三，改革的着力点要从放权转向更加注重监管服务，进一步提升卫生健康服务的质量安全。卫生健康领域事关人民群众的生命安全，大力压缩审批事项后，监管和服务显得更为重要。现在看，“简政放权、放管结合、优化服务”三方面中，“放”进展很大，“管”稍见起色，“服”差距较多。不少人反映，卫生健康“放管服”改革后，部分机构经营管理松散、服务质量没有保障，存在风险隐患。2017 年 3 月，国家卫生健康委全面实施“双随机、一公开”监管，对公共场所、生活饮用水、学校卫生、餐饮具集中消毒、医疗卫生、放射卫生、职业卫生、血液安全、传染病防治、消毒产品、计划生育等 11 大领域 330 万家单位，随机抽取 5%进行检查，发现违法案件 2691 起。如果全覆盖检查，数目惊人。座谈会上，大家普遍反映，现在行政审批职能放了不少，但监管的力量尚未跟上。不少同志说：过去看家本领就是坐在办公室里审批发证，现在不知道怎么管了，特别是对一些新业态新模式新产品，不严管怕出现问题，毕竟人命关天，想监管又缺乏手段，出现了所谓的“本领恐慌”；再就是，监管队伍建设能力滞后，特别在基层，受编制所限，人手非常短缺。可以说，监管问题已经成为卫生健康“放管服”改革亟待破解的一项重大课题。在优化服务方面，现在有关部门大都把精力集中在审批许可环节的服务。我们认为，对于卫生健康等重大民生领域，“放管服”改革的服务范围和内容更为广泛，更有潜力可挖，除了做好审批环节的服务外，应该围绕方便人民群众看病就医推出更多的服务举措。比如，2017 年推进的医保异地就医结算，方便了群众看病报销；公立医院推出多项便民惠民措施，深受社会好评。所以说，卫生健康优化服务改革是大有文章可作的！

第四，改革的方式要从点上探索创新向面上复制推开转变，进一步扩大改革成效。“放管服”改革实施5年多来，各地进行了大胆的实践探索，涌现了不少好的经验做法，但大都是局部“开花”，尚未在面上“结果”。我们在卫生健康委座谈时，明显感觉到介绍的成效，往往局限在一些地方亮点，往深里问面上情况，就没有下文了。比如，上海自贸区对民营医疗机构购置乙类大型医用设备，只要备案，不再需要审批，只有上海推开实施。再比如，社会办医疗机构审批方面，四川省把与医疗机构执业相关的6类许可事项，一并审批，大大压缩了审批时间，减少了企业办事成本。对于这些做法，其他地方的民营医院很期盼，希望国家尽快推开。建议国务院对各地各部门“放管服”改革做法进行系统梳理总结，制定典型经验案例集，在全国范围内复制推广。

第五，改革的实施要转向与其他领域特别是本行业或系统的改革深度融合，进一步促进事业与产业协同发展。在卫生健康委座谈时，有的同志就提出，现在“放管服”改革与深化医改基本上是脱节的，这两项改革都是当前卫生系统改革的重点任务，如果统筹起来考虑，肯定会产生政策的叠加效应。比如，公立医院改革，涉及管办分开、政事分开的问题，实质就是“放管服”改革的重要方面。大家还反映，卫生健康等社会领域“放管服”改革还涉及人事薪酬、编制管理等事业单位改革的任务，特别是对公立医院等事业单位的医务人员管得很死，不仅抑制了卫生健康事业发展的内生动力，还导致社会办医发展不起来，影响到整个健康产业的发展。

# 当前科研经费使用中的突出问题及政策建议

## ——科研经费管理改革调研报告（上）

苑衍刚　郑真江　蔡颖慧

科研经费管理是目前科研人员最为关注的问题之一。针对如何改革和创新科研经费使用管理方式，近日我们先后到北京大学、清华大学、国家自然科学基金委和湖北、安徽等地调研，召开多个座谈会，听取意见建议。

大家认为，近年来党中央、国务院加大了科技体制改革力度，出台一系列“松绑”措施，科研经费管理越来越合理，服务越来越人性化。同时，科研经费管理改革还远没有到位，政策落地“最后一公里”问题突出，有人甚至形容是“犹抱琵琶半遮面”，科研人员获得感认同感不强。大家指出，现有科研经费使用管理制度束缚了科研人员手脚，抑制了创新活力，亟须加快改革。

### 一、人员费用比例过低

劳务费等人员费是科研人员创造性劳动价值的体现。有关政策已明确，财政性科研项目中劳务费不设比例限制。但目前大多数项目中的人员费实际比例仍仅为20%左右，虽有所提升，但整体水平仍偏低。据国家自然科学基金委统计，近三年科学基金项目中，平均劳务费分别占16%、17%和18%，超过30%的不足10%。很多科研人员反映，超过30%就可能进入“雷区”。为什么在劳务费比例已经不设限制的情况下还难以提高呢？据大家反映，主要有三方面原因：一是如果科研项目预算中的劳务费比例过高，很难通过立项。劳务费占比低已成为科研经费预算的“通行惯例”，一些劳务费占比较高的科研项目，在评审中就会成为削减预算总额的“首选”，甚至直接被“毙掉”。如某重大项目列支300万劳务费，预算调整后变成了30万。二是现行政策规定劳务费不能发给参与项目研究的有工资性收入的科研人员，只能发给参与项目研究的研究生、博士后、访问学者及项目聘用的研究人员、科研辅助人员等，这就大大限制了劳务费使用范围。清华大学科研院科研人员认为，科研项目现有劳务费标准根本无法请到高水平研究人员，尤其是一些跨行业跨领域融通创新项目。三是对学生劳务费计税较重。目前参与科研的学生获得的助研津贴和勤工俭学等收入，按照劳务所得计算个人所得税，也就是每月劳务收入超过800元的部分，按照20%缴纳，这对以科研工作收入为主要生活来源的研究生来说，负担较重。

建议：尽快研究解决人员费用比例过低问题。一是科研主管单位在项目预算评审中应鼓励科研人员根据实际需求填报，不能简单以劳务费比例高低来决定是否通过科研立项。二是放宽劳务费发放范围，允许有工资性收入人员获得一定比例的劳务收入，允许劳务费中列支研究技术系列人员工资及其住房公积金等成本，体现多劳多得和以增加知识价值导向的分配机制。

## 二、间接经费无法体现绩效导向

间接费用是用于弥补科研单位为项目研究提供的仪器设备及房屋、水、电、气、暖等消耗以及科研人员的绩效支出。中办、国办《关于进一步完善中央财政科研项目资金管理等政策的若干意见》提高了间接经费比例，取消了绩效支出比例限制，体现对科研劳动价值的倾斜支持。目前间接经费的分配主要是学校、院系、课题组各占一定比重。一方面，科研人员认为，间接经费大部分用于“硬成本”支出，扣除水、电、气、暖等支出后，所剩无几，最终用到“人”身上的比例很小，希望更多用于绩效激励。课题组往往也认为，间接费用应属项目所有，主要用于绩效，单位不应统筹安排。另一方面，科研主管部门认为，如果间接经费比例过高，在经费总盘子固定的情况下，会降低直接经费比重，减弱科研资助强度，进而影响正常科研活动。两者分歧在于：科研人员希望做“增量调整”，也就是在直接经费不变的情况下，国家财政额外增加间接经费投入；而科研主管部门只能做“存量调整”，在经费总额不变的情况下，间接经费比例提高了，直接经费比重会相应降低，相当于“左兜掏右兜”“羊毛出在羊身上”。

建议：一是在提高间接经费比例的同时，加大科研投入力度，弥补提高间接经费比例后的财政科研经费缺口。二是建立对科研单位的信用评价制度，对信用评价优秀、科研成效突出的单位，提高间接经费提取比例。三是指导科研单位用好间接经费的自主权，加强对优秀科研人员的绩效激励，绩效奖励支出可不纳入事业单位工资总额限制。

## 三、科研预算管理过细过于僵化

这是科研人员“吐槽”最多的地方，主要有按行政方式管理科研资金、呆板僵化、过细过死、重物轻人等问题。我国自 20 世纪 90 年代开始建立了学术研究“课题制”管理模式，但随着形势发展，科研预算管理制度与科研活动不适应的问题日益突出。一是财务预算的精准性与科研活动不确定性的矛盾。科研人员反映，现行预算要求分类很细，约十个大类，每类下又有多项，如差旅费一项就要填写“调研次数、人数、目的地和每次调研所需经费数额”，科学家需要花费大量时间用于编制预算，把科学家逼成了“会计”。更令人头疼的是，科学家还要成为“预测专家”。某基金委负责同志指出，现在预算编制要求准确预测到若干年后用多少瓶何种型号的化学试剂，这根本无法做到。二是预算执行的刚性与科研活动灵活性的矛盾。大家反映，科研预算管理从一开始就是“变相逼着科学家撒谎”，而预算执行又要把不合理的预算当作“真实的客观需求”。一些科研预算做得早，采购设备时型号批次可能发生了变化，但又不能擅自按照新型号或批次采购，再次报批的审批周期很长。同时，一些未列在预算中又根据研究需要参加的学术交流等活动，也无从支出。近年来科研领域通报违规最多的是“未经批准擅自调整预算”。三是削减预算随意性大。某科研人员指出，比如你在预算中填写需要 10 瓶试剂，预算评审专家就会质疑你为什么用 10 瓶，别人才用 5 瓶，因而削减试剂耗材预算。多位科研人员指出，僵化的科研预算管理制度已成为创新活动的一大束缚。北京大学某国家重点实验室一位科研人员指出，美国许多项目预算管理采取模块化资助、框架性经费管理方式，科研人员只需说明所需经费模块的数量，列明经费框架和概要即可，不用详列预算和细化条目，这为科研人员调整预算、自主使用经费预留出充足空间。

建议：一是借鉴国内外经验，加快探索简约高效的科研预算管理方式，放宽预算编制要求，大幅放宽各类经费比例限制，合并同类项并采取框架式管理，探索“负面清单”管理方式，建立弹性预算制度。二是扩大科研经费定额补助的支持方式，探索模块化管理、分档管理等新型预算管理体制。三是真正向单位和研发团队下放预算调剂权，由项目负责人根据实际情况对经费使用计划进行动态调整，并自行负责，无须审批。四是加强事中事后监管，加大信用监管等力度。

## 四、经费报销难、程序繁琐

这是科研经费管理中的“老大难”问题。一是报销审批需要闯过“重重关卡”。清华大学科研院一位研究人员指出，经费报销需要经过项目组、实验室、学院和财务部门等负责人的重重审批，防范等级甚至超过核电的“四层设防”。一些负责人为了减轻“签字责任”，或多或少都会设置一些门槛，经费监管从“层层设防”发展到“层层加码”。而国外科研机构大多将经费使用自主权赋予科研项目团队。比如，德国竞争性科研项目经费只要负责人签字就可以支出，不用层层审批。二是报销制度设计复杂且不合理。现行财务制度对什么可以报销、报销标准是什么、怎么报销制定了复杂的规则，科研人员根本不清楚名目繁杂的各类标准。如有的要求出差必须交通费、当地住宿费齐全。一位老教授到香港出差，对方安排了住宿，结果回来后因没有住宿票就不能报销机票。课题组请外国专家学者吃个饭、喝个咖啡，也只能自掏腰包。科研人员调研、会议都有严格的比例和标准限制，机票、高铁座位等次都要按级别购买，完全“参照”行政机关执行。到偏远地区或到国外出差等难以取得发票的，还连带影响其他发票的报销，只得写说明甚至用假发票代替。多位科研人员反映，现在报销动辄需要提供各类说明，要求科研人员“自证清白”，“发票＋说明”成了报销的新常态。三是横向经费参照纵向经费进行管理。高校院所与企业签订的横向科研项目，经费一旦进入单位财务账户，管理方式与国家财政支持的纵向经费相同。四是科研经费拨款迟延。科研项目拨款经常滞后于项目进度，有的是下半年甚至是年底才到账，但是要求年底把钱花完，带来执行率低和经费不合理使用的问题。

建议：一要改革完善项目经费管理制度，简化报销流程，关键是下放经费使用审批权，不需层层审批，赋予研发团队经费使用自主权，取消不合理的报销规定；积极探索包干制等简单实用的管理方式。同时，改革横向课题经费管理办法，允许项目团队根据合同约定自主安排，不再按纵向课题管理。二要推广“互联网＋科研管理”，实现项目从立项登记、预算调整、经费调配、核算报销等全链条网上管理，采用 APP 等新模式，推进移动终端办理、自主查询等方式，加大信息共享力度，打造无现金报账系统、网上预约报账系统、网上缴费系统、办公物资和实验材料采购系统等，让大家通过手机或网络就能把事办成。

## 五、稳定性支持经费不足

近年来，高校和科研院所强化基础研究和原始创新、加强公共创新平台和重大科技基础设施建设，对稳定性支持的需求越来越大。国家和部门出台多个文件强调扩大稳定支持经费规模，但稳定支持经费在科研经费总盘子中占比仍很小。一是高校院所重竞争性支持、轻稳定性支持。目前高校院所科研经费来源的主渠道是竞争性项目经费。而且，纵向科研项目经费结余超过两年，财政部门会将结余经费回收，给高校院所利用结余经费开展稳定支持和重大项目前期预研带来障碍。二是高校与科研院所的自主科研经费差距大。目前国家对高校的拨款标准是生均拨款，并不考虑高校有多少科研人员，稳定支持的只有基本科研业务费这个专项，中央部委所属高校每年加起来才40亿元，分到每个高校仅数千万到上亿不等，甚至达不到一个科研项目的经费。三是科研配套支持挤压高校自主经费空间。

建议：一是拓宽稳定支持渠道，积极探索竞争基础上的稳定支持，对高质量完成科研任务的机构或人员，应通过滚动支持、长期支持等多种形式，鼓励他们开展持续研究和前沿探索。二是废除纵向科研经费结余2年后回收的规定，改为由科研单位自主使用。三是推出更多对研究机构和创新团队、优秀人才的稳定支持，看准人、多支持、少干预，为更多"千里马"脱颖而出营造环境。

## 六、高校和科研院所相关税负不合理

一是横向课题结余资金需缴纳企业所得税。很多高校院所将横向科研项目结余经费全部转入科研发展资金，并继续用于科研支出，但税务部门要求就横向科研项目结余资金缴纳25%的企业所得税。二是单位转化科技成果需要缴纳增值税和营业税。现行税收政策将科技成果作价入股视同销售行为，单位按规定需要当期缴纳增值税和所得税，不能缓缴，这给单位转化科技成果带来很大负担，而一旦转化失败，前期纳税直接成为资产损失。单位承担的义务与可能获得的收益不匹配，影响了转化积极性。

建议：降低高校院所科技成果转化的税负，参照科技成果转化个人税收优惠政策，将单位成果作价入股视同股权转让，当期不需缴纳增值税、所得税，待转让、出售等取得实际收益时再征税。

## 七、科研经费管理制度与监督审计政策脱节

科研领域“放管服”改革放宽了科研经费管理约束，但常常遇到政策不衔接的问题。比如，间接经费是补偿单位科研成本的自主性经费，但一些监督部门仍要求单位提供间接经费的开支清单，甚至因为间接经费开支问题影响科研项目顺利结项。大家形容是“政策打架、科研人员遭殃”。再如，在严控“三公”经费的背景下，有些单位就把教学科研人员出国学术交流纳入“三公”范围，将出国计划压住不报或取消，或有出国计划却因经费限制难以成行。

建议：财税部门、科研主管部门要针对当前科研人员反映的突出问题，主动加强与审计和监督部门的政策沟通，消除不同部门对政策把握和理解的差异，营造良好的科研活动氛围。

# 深化科研经费管理改革应关注的几个重点问题

## ——科研经费管理改革调研报告（下）

苑衍刚　郑真江　蔡颖慧

科研经费是科研活动的物质基础，更折射出鼓励创造性劳动的价值取向，科研经费使用好坏，很大程度上影响着整个创新体系的活力。要从根本上解决科研经费使用中存在的各类弊端，提升科研绩效和创新质量，必须从理论上和实践上厘清几个重要问题。

**第一个问题，科研人员能否从科研项目经费中取酬。**科研活动本质上是人的创造性活动，目的是产出创新成果，其中最重要也最必要的支出是智力成本。科研活动不同于工业制造活动，它既是物质创造，更是精神创造；科研项目经费应当既是物质基础保障，也是对智力活动价值的承认和体现。我国现行科研经费管理存在"重物轻人"倾向，科研预算偏重于列支差旅、会议、设备购置、专家咨询等必需的费用，忽略对科研人员智力投入的回报。与发达国家相比，我国一般性科研项目人员费比例不超过20%，即使基础研究项目也不超过 30%。而美国科研经费中综合人员费占 50%—65%，日本占 45%—55%，英国占 52%，一些基础研究甚至占 80% 以上。有研究显示，我国是科研人员数量第一的大国，但科研人员人均劳务成本仅为日本的 1/12，韩国的 1/6，低水平的人员费投入强度难以支撑我国科研人员向世界尖端科技迈进。科研经费投入应体现激发人的能动性和创造力的导向，经费分配更多向“人”倾斜。至于科研项目经费中多大比例用于科研人员智力劳动成本，应当区分不同项目，对主要依靠智力投入的基础研究、“软科学”应加大人员费激励比例。

还有观点认为，科研人员已经有稳定的工资收入，就不应再从课题经费中取酬，科研项目也承担不起调节收入分配的责任。在调研中，一些科研人员反映，高校教师的薪酬待遇主要以教学成本为计算标准，科研工作是“额外工作”，如果科研活动“参与不参与的收入一个样”“干多干少一个样”，那将大大消减高校科研人员参与科研活动的积极性。同时，在现行体制下我国科研人员工资只是中低水平的保障，在工资水平难以较大幅度提升的情况下，从项目经费中取得一定报酬，体现多劳多得的原则，这也是合理的。比如，美国国立卫生研究院（NIH）规定，科研项目负责人可从科研项目中提取不超过 18.7 万美元的劳务报酬。美国自然科学基金最高 80% 是劳务费，大学教授 2—3 个月的工资可以在项目经费中列支。英国制定了一套科研工作全时当量（FTE）的计算办法，按照标准为科研人员的劳动付出提取相应报酬。制度经济学家科斯说，“一个人的贡献和他本人取得的报酬差距越小，越容易激发创造性”。科研人员在科学研究中居于主体地位，应推动项目经费向科研人员倾斜，发挥项目经费在鼓励创新、增加科研人员收入中的作用，在全社会彰显智力劳动的价值，鼓励更多创新创造。

**第二个问题，如何让科研经费为人的创造性劳动服务。**国家设立科研项目的目的，在于产出更多经济社会发展需要的科技成果。科研经费只是科研管理的手段，绝不是目的。但在实践中，两者被颠倒了、模糊了。不少科研人员反映，现在一些管理部门对科研活动的过程严格把控，但对最重要的科研成果环节却重视不够，追求程序公正而忽视了实际效果。这套过严的制度设计背后的理念，是管好科研过程重于产出科研成果，是科研活动服从于科研经费管理。这实际上是“本末倒置”，把科研管理当成了“目的”而不是“手段”，是不符合科研规律和人才发展规律的。科研经费制度管理的目的，应当以鼓励创新创造为导向，最大限度保障和调动科研人员的能动性和创造力，而绝不能把科研人员的积极性管没了，甚至逼着科研人员在经费上“造假”。

相比之下，发达国家科研项目管理的重心是后端管理，普遍将项目的阶段性报告和结题报告作为评价科研经费使用效率的重要依据，同时制定出完善的科研绩效评价办法。这种以后端管理为主的模式具有双向作用，既可通过结果评价追溯已有科研经费的使用绩效，也能通过结果评价发现未来科研投入的重点对象。我国应当尽快改变科研管理重过程轻结果的倾向，发挥后端管理在检验科研绩效和指导科研投入方向中的作用，“管住两头、放宽中间”，只要把好科研项目“准入关”，让真正有能力的科学家承担题目，同时设计好“出口关”，建立严格科学完善的成果评审程序，保障产出真正合格的成果。至于中间怎么组织科研、经费怎么花，都要尽量宽松，给予项目团队和领军人才更多的自主权。要研究制定面向科研机构和科研人员的信用评价办法，对科研活动的创新成果、经济效益、社会影响以及诚实守信情况开展系统评价，对评价优秀者，应当在长期稳定支持、放松监管要求、扩大自主权等方面体现更多倾斜支持。要积极培育科学共同体，在技术评估、标准研制、成果认定等方面发挥更加积极的作用，让科学的事情由科学家做主。加强科研诚信建设，完善学术道德和学术不端行为惩戒制度，发挥好科学共同体的自律作用，利用科学家所共同接受的学术和道德规范形成强大约束。科学家一旦失信，不要说申请政府资助受到影响，甚至在科学界无立锥之地。

**第三个问题，如何在科研经费使用中区分政府、科研机构、科研人员的不同角色。**美国学者大卫·古斯顿指出，“政府与科学的关系可以进一步看作是特殊的代理关系——委托代理关系”。在这种关系中，政府将科研资源使用权力让渡科研机构和科研人员，科学家作为受托方，拥有自主研究权，是“运动员”；而政府作为委托方，主要职责是监督监管，防止滋生道德风险，是“裁判员”。但在实际操作中，政府对科研成本怎么算、科研经费怎么用，甚至技术路线如何选择等管得过细过严，介入专业化领域，既当“裁判员”又当“运动员”，挤压了科研人员自由探索的空间，也超越了自身边界。我国现行许多科研经费管理制度“计划模式、行政主导”色彩比较浓厚，实际上是没有处理好政府与市场、“裁判员”与“运动员”的关系。政府有关部门的手伸得过长，越俎代庖，有时甚至为了避免承担责任，刻意将管理过程复杂化，那无异于把“运动员”的手脚捆死。同时也造成高校和科研院所一方面有权不敢使，放权不敢接，也不愿制定相关经费管理办法；另一方面相应层层加强管理，科研人员动辄得咎，稍不注意就会越界、违规，长此下去不敢做、不敢动、怕踩雷，严重影响了创新创业热情。因此，必须进一步明确边界，政府部门把应有的监管和服务职责履行好。

目前科研经费领域案件频发的一个重要原因，是立法滞后或政策制度不合理，一些科研经费法律地位和属性不清晰。大家普遍反映，由于我国没有建立专门的科研经费管理立法，一些科研经费管理简单套用行政机关和事业单位的财务制度，造成管理的混乱局面。根据法学家的观点，政府机关作为甲方的纵向科研合同不同于一般的民事合同，是以公共利益为目的、由政府牵头，与科研机构签订的合同，应纳入行政合同的序列调整。但由企业作为甲方的横向科研合同，本质上属于民事合同，政府介入民事合同监管本身就存在越位的问题。科研经费的法律性质不同，管理方式大不相同，在具体适用会计、财务、审计等制度方面的要求也不相同。应从顶层上加强立法规范和分类指导，避免政策打架，理顺行政权力与学术权力的关系，规范科研合同实施中的权责利要求。总的来说，要划好底线、守住红线、明确界限，让科研人员放心大胆搞科研。

**第四个问题，财政性科研经费形成的科技成果产权权益如何界定。**按照 2015 年修订的《促进科技成果转化法》的规定，财政性科研项目形成的科技成果处置权收益权分配权归承担单位所有，单位可以转让、许可、应用，也可以股权、分红等方式奖励科研人员。这也是国际通行做法。但在实践中，由于我国科研单位基本上都是财政拨款的事业单位，财政性科研项目经费形成的科技成果产权，仍是完全归国家所有，科研人员并没有相应产权。科技成果是科研人员的创造性劳动和资本共同创造的，产权应当由出资方和科研人员共同拥有，科研人员有权从中获得相应的产权激励。同时，现行科技成果按国有有形资产管理，加上工商、税务、审计以及评估定价机制不健全等方面因素影响，转化有风险、不转化无责任。一些高校和科研院所负责人因生怕担了国有资产流失的罪名，签字的笔还是不敢大胆落下去，成果转化就打了折扣。目国有单位持有技术成果转化入股后，企业涉及增资扩股、转让等资本运作都需要主管部门审批或备案，程序繁琐、处置难影响了转化积极性。尽管有尽责免责条款，但由于《国有资产管理条例》没有变，对职务发明没有相应法规，单位领导往往慎用甚至不用免责条款。当前应当深化科技成果产权制度改革，探索科技成果混合所有制或共有产权等新机制，加快探索赋予科研人员科技成果所有权或长期使用权，探索采取“权属归个人、利益返还单位”等做法，有效平衡国家、科研单位、个人三者利益，从根本上解决转化动力和能力问题，更有效打通科技成果转化通道。同时，加快出台职务发明条例，制定事业单位国有科技类无形资产管理办法，同有形资产加以区分，为科技成果转化提供更加完善的制度保障。

# 优化科研项目管理 提高科技创新力

刘帅

近年来，国务院及有关部门围绕科研管理制定了一系列政策举措，有力促进了科研创新活力释放、动力增强。但科研项目管理仍未臻完善，除审批、报销等方面存在繁琐、僵化问题外，在立项、评价等方面也有不少弊病，不利于科技创新力的培育和激发，需尽快破解。

## 一、立项机制仍有缺陷，创新资源投入和分配不很合理

立项是分配科研资源的关键环节。目前我国科研立项数量多、投入大，但在创新资源投向、分配等方面还存在不少问题。

（一）立项质量把关不够严格，一些创新资源浪费在低水平重复研究上。近年来随着中央财政科技计划管理改革推进，统一的国家科技管理平台已建立，原先近百项科技计划（专项、基金等）被整合成“新五类科技计划”，但低水平重复立项研究问题仍未根除。一方面，立项重数量轻质量，优质课题不多。不同层级、不同地方往往每年都会制订各自的立项计划，推出一定数量的科

研项目，项目累计起来数量庞大，但真正具有创新性的项目不多。低质量研究不仅挤占宝贵资金，也挫伤深度研究的积极性，还会使高质量成果淹没在劣质成果的“浊泥浑水”中难被发现，存在“劣币驱逐良币”现象。另一方面，把关重形式轻内容，重复研究不少。由于开展立项工作的人员不足、时间偏紧，特别是一些工作人员对科研项目前沿领域的专业知识不够，在立项过程中排查重复时，存在对申请材料中的文字表述等形式要件“抠字眼”、对研究内容反而审查不深入的现象。一些科研人员通过“换马甲”“做拆分”，使项目申报书的形式要件迥然一新、实质内容依然“新瓶装旧酒”，却还能赢得立项竞争而获得资金支持。

（二）立项过度依赖少数专家，普通科研人员发挥才干的空间太小。立项出题的创新性对研究成果的创新性有至关重要的影响。我国科研立项以竞争性申报为主，先由少数知名专家出题、制订项目申报指南，再让广大科研人员申报角逐。占绝大多数的科研人员很少能在立项出题过程中发挥作用，他们对研究方向、选题等的话语权和贡献力都受到束缚。有科研人员抱怨，少数知名专家从课题立项到结题评审始终发挥着巨大影响，兼“发令员”“裁判员”“教练员”“助跑员”等多种角色于一身，有时甚至还是暗中的“运动员”，占据了大量资源和机会，而大多数普通特别是成长性科研人员缺少机会和空间。甚至很多项目在申报时，都要求有相关单位或知名专家写推荐意见，这把许多科研人员置于少数单位或专家的“掌控”之下，容易沾染“没有伯乐推荐的马就不是好马”的弊病，乃至滋生寻租问题。

（三）立项模式束缚科研活力，“项目服从经费”的机制不利于创造性发挥。以项目就经费的“招标式立项”占绝对主导，而以经费就项目的“资助式立项”缺乏渠道。这常常导致科研人员受立项要求的预设限制而难以自主自由发挥创造力。一是立项要求过细过死。一些项目在立项时会对具体研究内容、技术路线、主要方法作详细而硬性的规定，并列出细致的量化考核指标。有科研人员反映，其中一些指标太细，很难在研究开展前预测出来，一些规定太具体，容易束缚研究思路展开，科研人员只能“戴着镣铐跳舞”，在事先画好的“圈里”创新，不利于取得突破性成果。二是自有创意获得资助的渠道缺乏。一些科研人员反映，凭自有创意构思出来的课题，即便有价值、有创新、有潜力，但由于缺少渠道，很难进入立项的视野范围，也就很难获得经费支持。

## 二、经费管理亟须完善，资金服务创新活动的水平有待提高

国家在经费管理方面出台了很多给科研“松绑”的政策，取得积极成效，但也有一些落地效果和政策预期存在差距。地方高校及科研院所的科研资金由地方财政投入、科研项目由地方政府部门主管，在执行政策上有做“加减”的空间和冲动，影响了落实成效。

（一）效益导向的驱动不强，重资金投入和申请、轻产出效益和效率的问题突出。不少地方政府把科技支出占财政支出比重作为指标任务，特别是研发支出计入 GDP 后，各地加大研发投入的意愿增强；高校及科研院所也普遍把争取到多少经费作为目标和成绩来抓，但都缺少引导经费使用提高效益的有效制度。很多科研人员在申请项目时唯恐经费不够多，申请到项目经费后，也没有保障经费使用效益的动机和意识，常常出现一方面经费不够用，另一方面又存在较大浪费的矛盾性问题。

（二）信息化管理水平不高，经费审批拨付和报销效率低。不少地方高校科研经费管理仍以“手工＋纸质”的传统方式为主，效率低导致排队现象多。据网上反映，有的高校教师出国参加学术会议的审批程序走了 2 个月之久。财务人员也不堪重负，为了既不留漏洞，又方便审核，常常根据单一环节情况自行设定一些规矩要求或表格，或对统一流程规范“打补丁”，这难免出现与管理链条前后不洽、与客观实际情况不协的问题，给科研人员带来诸多困扰。

（三）制度性“跑冒滴漏”不少，很多经费没有用在刀刃上。经费拨至学校账户后，学校和二级单位要层层计提管理费，计提额度与实际管理和服务成本无关，而是按固定比例与项目经费挂钩。有些高校计提管理费比例偏高，达 10% 以上。有的高校本已计提了覆盖水、电等费用的间接费用，却仍要课题组额外承担水、电费。尤其不合理的是，有的项目由两个单位联合申报，一些学校会按项目合同总经费计提管理费，而不是按分配到本单位的实际经费计提。在论文发表环节，版面成了可交易资源。一些学术期刊卖版面已成为“圈内心照不宣的潜规则”，由此还催生了经营版面交易的专业中介。一些高校教师抱怨，辛辛苦苦把研究做好，将论文写出来，却还要交一大笔审稿费、版面费，自己发表论文比不过“卖论文”。

（四）“防堵式”开支管理僵化，该花的钱花不好、不好花等问题依然存在。目前，中央高校及科研院所已能自行采购仪器设备，但地方高校及科研院所还面临较多问题。一些省属高校反映，国家级基金项目之外的省厅级自然基金等仍不允许自行采购设备，而必须走政府集中采购，但政府采购价一般比自购价高很多，就算高出三成以上的情况也不少见，而且程序复杂、周期漫长。差旅报销时，行程对应的住宿和交通票据必须构成完整回路，若有一个环节无法取得发票，就会影响这次差旅途中所有支出的报销。比如，研究人员要走一段公交不能抵达的偏僻路，打出租车不仅发票无法报销，而且会使整个行程的发票不能构成完整回路而影响其他费用的报销。

## 三、评价激励导向不优，科研人员创新的内生动力没有充分激发

一些科研人员反映，现行的科研项目成果评价激励机制存在明显不足，对创新导向有一定消极作用，不利于涌现大批优质的创新研究成果。

（一）缺乏有效的评价机制，优秀成果难以脱颖而出。目前科研项目成果评价主要采用专家评审的方式进行。专家组通过审读材料、听取答辩，一次性对研究成果作全面评价。当代科研领域划分已非常细化，而评审专家大多是同属一个宽泛领域的大同行，可能对某一具体项目的研究内容知之不深，因而很难对项目成果作准确评价。加之缺少切实可行、公正客观的评价标准和方法，一些项目结题评审基本上是走过场，不少评审专家只乐于“点赞”、不愿意“吐槽”，区分度不高。涉及评奖的，有时还有“人情评”“请托评”作祟。一些奖项要求在申请时就必须有相关部门或经相关部门认定的具有推荐资格的单位或个人推荐，才能参评。有科研人员反映，如果不经营好人脉，优秀的研究成果也很难脱颖而出。

（二）资金奖励力度偏弱，对科研人员吸引力不够。一些科研人员反映，辛苦做科研的经济报酬远不如开讲座、做培训，甚至在项目经费中随便“取点巧”也比靠优秀成果获得的奖励“甜头大”。某省科学技术进步奖一等奖奖金仅 8 万元，二等奖 5 万元，

三等奖 3 万元；科学技术成果转化奖工业项目类一、二等奖的获奖要求分别是创利税 2000 万元以上、1200 万元以上，而奖金分别仅 8 万元、5 万元。优秀成果的取得需要长时间辛苦钻研，特别是考虑到还有失败的风险，现有奖励标准按劳动时间平摊不算高。

（三）绩效激励与项目经费挂钩，没有按科研成果的质量体现区分度。现行政策下，除部分试点单位外，对科研人员的绩效激励资金大多从间接经费或结余经费中支出，都与项目经费挂钩。多数高校的做法是，只要研究项目进展顺利、结题验收合格，就可发放绩效激励，而且只要在最高限额内，就由项目组自行安排额度。实际操作中，科研人员能获得多少绩效激励，很大程度上受项目经费总额决定，而科研成果质量好一点、差一点，对绩效激励并无很大影响。这导致不少科研人员一心想多申请项目、申请经费多的项目、把预算往高处做，而不愿真正沉下心来把项目做好、做出高质量的成果。

## 四、以科研项目管理优化促进科技创新力增强

要进一步突出科研的质量导向、投入的效益导向，以深化科研领域“放管服”改革为抓手，着力健全服务人才、鼓励探索、激励创新的科研项目管理制度，激发创新活力，打造创新优势。

（一）改革科研立项机制，从源头上把好项目质量关、优化创新资源配置。目前由上而下的立项制度设计，优点是效率高，但过度依赖少数专家不仅有很大局限性，而且一定程度上限制了科研活动的创新空间和项目承担人员的创造活力。要在这一渠道外，增开上下结合的“海选立项”渠道。一是以“双创”思路实施海选征题。先不预设方向、路线、目标，由科研人员自主、自由设计研究课题及方案，提交进入项目预选库。有关机构对预选

项目分类组织专家筛选，淘出优质课题作为立项选择。二是以开放模式实施竞争申报。由有关机构将淘选出的优质课题改编成项目申报指南，面向广大科研人员公开，由科研人员自主竞争申报。申报人还可以对项目申报指南进行自由调整优化，鼓励对技术路线改进、对目标预期调高。有关机构对所有参与申报的研究方案和海选征题阶段出题人的原始方案进行比较，择优确定拟资助的研究方案。

（二）完善科研经费管理，从制度上提高资金使用效率、提升创新的投入产出效益。坚持疏堵结合，优制度、通堵点、补漏洞，让科研资金使用起来方便、高效、规范。一是建立科研资金投入效益导向的指标体系和制度机制。对地方政府、高校及科研院所、具体项目的科研资金投入产出效益、使用效率进行考核约束，引导各类主体自发提高科研资金使用效益和效率。二是以“互联网+”优化采购管理和报销制度。督促、支持各类科研单位尤其是地方高校及科研院所提高财务及采购管理信息化水平，推进信息共享、网上办理、并联运行，大幅压缩手续办理时间。三是切实管住“跑冒滴漏”。合理规范全国各级各类高校计提管理费的比例，坚决防止计提比例过高，坚决杜绝只收费、不履责、把管理费当作纯收入的现象。系统施策，遏制学术论文版面费乱象。四是全面打通制度堵点。对高校及科研院所在科研资金使用管理制度方面的堵点问题进行系统梳理，纠正不合理的制度、明确不清晰的规定，分类制定目录清单并推广执行。

（三）改进评价激励制度，从导向上增强科研人员创新动力、促进优质成果大批涌现。在科研项目成果评价和激励制度上大力创新，确保优质的成果脱颖而出、艰辛的探索酬当其劳。一是引入分维度评价的方法。优化评价方法，从难易度、重要性、质疑点等方面对研究成果进行分维度评价。引入难易度评价，组织细分领域专家专门评估科研成果所解决具体问题的难易程度，衡量创新性强不强、突破性大不大；引入重要性评价，组织宽领域专家专门评估所解决问题在更宏观层面有多大价值、是否重要；引入质疑点评价，组织项目申报阶段落选竞争对手中的优秀代表对成果的可质疑性作评价。综合“三维评审”得出总体评价结论。二是改进激励机制。取消评奖、立项等各类申请中的前置推荐程序。对科研项目中取得优质成果的，切实提高奖励标准。加大对科研人员的绩效激励力度，绩效激励资金发放多少要与成果质量紧密挂钩、与项目经费脱钩，适度拉大绩效激励区分度，切实体现按绩取酬的导向。

# 农村“三块地”改革试点进展及建议

刘一宁

农村土地制度改革，关系到广大农民的切身利益，关系到乡村振兴战略的顺利实施。近日，我们赴山东禹城市和河南长垣县，调研了农村“三块地”改革试点情况。总的感觉是，改革试点进展顺利、成效明显，但也存在推进不平衡、不深入等问题，需要进一步完善措施、加大推进力度。现将有关情况报告如下。

## 一、试点工作进展情况

2015 年 2 月，禹城市、长垣县分别承担农村土地征收制度、集体经营性建设用地入市制度改革试点任务。2016 年 9 月，开始同时承担农村土地征收制度、集体经营性建设用地入市制度改革试点任务。2017 年 12 月，宅基地制度亦纳入改革试点，正式开始统筹推进“三块地”改革试点。按照原国土资源部的部署，“三块地”改革试点结束时间为 2018 年 12 月 31 日。从两地的情况看，各项试点改革工作都在稳步推进，并取得了积极成效。

——*在土地征收制度改革方面*。一是严格划定征收范围。禹城市和长垣县都建立了《公共利益目录》，目录外的建设用地采取入市方式。二是规范完善征收程序。禹城市建立了“一评估、二协商、三公告、四协议”征地工作流程，使征地过程更加顺畅。长垣县实施“两制度一机制”，即征地稳定风险评估制度、民主协商制度、补偿安置争议协调裁决机制，保障了被征地农民的知情权、参与权。三是提高对被征地农民的补偿，完善保障机制。禹城市将征地区片综合地价由原来的3.6万—4.4万元/亩，提高到5万—5.8万元/亩，将征地社保补贴标准由原来的1万元/亩提高到1.5万元/亩。长垣县对征地后人均耕地不足0.1亩的失地农民每人每年发放1000元生活保障费，同时向失地农民提供企业职工养老保险和城乡居民养老保险两种选择，政府给予每人26890元的社保补贴，被征地农民综合收益较改革前提高40%。

——*在集体经营性建设用地入市方面*。一是解决了入市主体问题。长垣县针对农村集体经济组织不健全的实际情况，对村集体所有的土地，暂由村委会作为入市主体，同时全面启动农村集体产权制度改革，组建农村集体经济组织，作为后来的入市主体。二是完善了入市程序。长垣县规定，在集体内部民主决策通过后，按照入市主体提出申请、乡镇审查、县部门审核、县政府批准、网上公示、期满成交、办理证件七步程序进行入市。三是建立了调节金提取机制。禹城市按照不同用途对土地增值收益提取一定比例的调节金。长垣县根据不同用途、不同基准地价等级，从出让金中提取一定比例的调节金。通过提取调节金，缩小不同区位不同用途入市收益差距，平衡了失地农民收益，缓解对土地征收的冲击。四是活跃了县域经济。长垣县将改革试点与县域经济发展结合起来，通过集体经营性建设用地入市，打造13个乡镇创业园区，落地近200家小微企业，降低了企业用地成本，缩短了用地审批时间，从申请到使用的时间由征地时的至少9个月缩短至1—2个月，有效破解了民营企业、小微企业、创新企业的用地难题。

——在宅基地制度改革方面。一是做好改革分类。长垣县将宅基地改革分为三类：第一种是村庄整合模式，第二种是滩区迁建模式，第三种是保留村宅基地有偿使用和有偿退出模式。二是细化实化有偿使用。禹城市建立了宅基地有偿使用“13523”标准，一户只允许拥有一处合法宅基地，面积最大不超过264平方米，超出面积不足100平方米、大于100平方米且不足150平方米、大于150平方米分别按每年1元/平方米、3元/平方米、5元/平方米缴纳宅基地使用费，非本集体经济组织成员除通过继承占有宅基地以实际占地面积2元/平方米计费外，均以实际占地面积3元/平方米计费。禹城市拥有宅基地的12.8万农户中，应缴纳有偿使用费的5.6万户已全部缴纳到位，共计765万元。三是探索宅基地三权分置政策。长垣县规定，在宅基地流转、分配、抵押等环节，集体经济组织要通过表决的方式行使土地所有者的决定权。在农民自愿无偿退出宅基地后，其资格权予以保留；有偿退出或转让宅基地后，其资格权不再保留。允许城市规划区外的宅基地使用权，在全县集体经济组织成员内部流转。

## 二、调研中发现的主要问题

一是将征地制度改革与集体建设用地入市改革割裂开来。平衡好征地与集体建设用地入市两种方式带给农民的收益，是改革能否成功的关键。调研中了解到，有的地方在土地征收制度改革中，制定的公共利益目录范围过宽，将“城市规划区范围内为满足成片规划建设要求的用地”及“商业住宅用地”均纳入公共利益目录范围，即在城区及城区周边无论何种用途的建设用地以及全市范围内的商业住宅用地，都要通过征地方式取得，而集体建设用地入市试点却选择在相对偏远的农村地区开展。这样做，从地理上分割了征地和集体建设用地入市两个市场，主动回避了两种方式下农民收益不均衡、土地价格不一致这一对最需要探索解决好的矛盾。当地实际统计数字也显示，集体建设用地入市方式下农民单位面积收益甚至低于征地方式下农民单位面积收益。将本应统筹推进的征地与集体建设用地入市割裂开来，回避了改革要解决的主要问题，降低了改革试点成果的推广借鉴价值。

二是对被征地农民的保障有待进一步加强。虽然两地都提高了对征地农民的补偿，并探索建立多元化保障方式，但从实际效果看，管根本、管长远的保障措施尚未有效建立。有的地方虽然将征地社保补贴标准提高到 1.5 万元 / 亩，但远不足以支付城镇企业职工养老保险缴费，被征地农民只能选择将全家补贴集中用于给一位年长的家庭成员缴费，确保家里有一人能早日领取养老金，其他家庭成员只能自己负担社保缴费或者放弃参加社保。从长远来看，对被征地农民最可靠的保障还是养老保险，多元化保障措施虽然意味着多重保障，但多张不坚固的保护网远远比不上一张坚固的保护网管用。

三是宅基地自愿有偿退出探索不够。随着经济社会发展，农村社会结构发生了新变化。大量农村人口外出打工，有的举家进城，有的选择创业，导致不少农村出现了“空心化”。受农村传统观念的影响，不少农民在外挣了钱，还是习惯回家盖房子，但却没人住或很少住。宅基地制度改革的目的是要盘活农村土地资源，提高土地利用效率，其中的难点是建立自愿有偿退出机制。虽然两地都制定了相关办法，但目前尚未成规模开展自愿有偿退出宅基地。当地反映，宅基地自愿有偿退出难以开展，主要原因是集体经济组织资金实力不强，没有足够的资金来补偿自愿退出的农民。

## 三、几点建议

第一，加强入市和征收方式下土地增值收益分配的统筹平衡。土地征收是保障社会经济发展的必要手段，如何协调入市与征收在增值收益分配方面的关系，避免因不公平导致集体土地入市对土地征收产生重大影响，确保社会经济平稳健康发展，是必须要面临的问题。建议试点地区要直面问题和矛盾，根据自身经济社会发展情况和财政实力，合理确定入市收益调节金系数，以及增值收益在集体、农户之间的分享比例。总的原则是，既要让政府对出于公共利益需要的征地补偿金额能够承受，又要让农民在入市和征收两种方式下所获得的收益大致相等，避免农民相互攀比等引发新的不稳定因素。

第二，建立社保优先的保障机制。土地既是生产资料，也是农民赖以生存的保障。对于被征地农民的保障，建议在提供多元化保障措施的同时，把加大养老保险保障力度摆在优先位置，做到应保尽保。在对农民进行土地增值收益分配时，要适当减少现金分配比例，提高社保缴费比重，尽量减少“后顾之忧”。这样做，还可以避免“一夜暴富”，让财富“细水长流”。

第三，督促试点地区加大改革力度、加快进度。对全国来说，“三块地”改革还是在试点。但对试点地区来说，已是真刀真枪的改革，要勇于担当、加快探索。应加快推进宅基地有偿退出机制建设，多途径探索补偿资金来源，有关部门应通过复垦后增减指标拍卖或整理后入市方式，解决补偿资金不足问题。同时，鼓励国有大型商业银行扩大农村集体经营性建设用地和农民住房财产权抵押贷款试点范围，为地方放活宅基地使用权创造良好金融环境。

# 二、千方百计减轻企业负担

# 关于 2019 年进一步推进网络提速降费的建议

张凯竣　刘一鸣

2018 年《政府工作报告》提出，加大网络提速降费力度，受到社会各界热烈欢迎。近期，我们对政策实施情况、成效及问题，下一步如何推进网络提速降费，进行了调查研究。总的判断是：网络提速降费成效明显，存在问题依然突出，2019 年要进一步加大网络提速降费力度。

## 一、网络提速降费取得积极成效

随着网络提速降费的深入实施，我国网络覆盖范围不断扩大，设施性能不断提升，有效促进了互联网与经济社会各领域的深度融合，对推动产业升级、促进创业就业、便利和丰富群众生活，发挥了积极作用。

网络速率大幅提升。据《中国宽带速率状况报告》显示，2018 年第三季度我国固定宽带网络平均下载速率达到 24.99Mb/ 秒，较 2017 年第四季度提高 31.5%；移动宽带 4G 网络平均下载速率达到 21.46Mb/ 秒，较 2017 年第四季度提高 18%。某著名网速测试公司研究显示，2018 年 9 月我国固定宽带下载速率在 130 个国家和地区中排名第 20 位，已经达到发达国家水平，移动宽带下载速率在 124 个国家和地区中排名第 43 位，接近全球第一梯队。

资费水平明显降低。根据工信部数据显示，2018 年上半年移动流量平均资费较 2017 年底下降 46.2%；固定宽带月户均支出为 42.1 元，较 2017 年底继续下降 1.6 元。根据国际电信联盟最新报告，我国每 GB 移动流量资费占人均国民总收入比重为 1.1%，显著低于全球 6.8% 和亚太地区 5.4% 的平均水平。

有效拉动投资和消费。一方面扩大有效投资，带动产业链上游的光纤制造、网络设备、智能终端等制造企业快速发展，过去 3 年用于网络建设等相关投资累计超过 1.2 万亿元；另一方面推动消费升级，促进了移动支付、共享出行、在线娱乐等蓬勃兴起，2018 年上半年国内信息消费规模达到 2.3 万亿，同比增长 15%。

有力支撑新动能成长。网络提速降费提高了信息基础设施的服务能力和运行效率，为“互联网 +”等发展提供了有利环境，带动一大批新产业、新业态、新模式不断涌现。据中国信通院报告显示，2017 年全国数字经济规模达 27.2 万亿，占 GDP 总量的 32.9%。2018 年前三季度，我国规模以上互联网和相关服务企业完成业务收入同比增长 19.4%，增速高于总体服务业企业 7.6 个百分点。

## 二、网络提速降费仍需持续加力增效

在肯定成绩的同时，也要看到提速降费的实际效果与社会公众的迫切需求和强烈期待相比，还有不小差距，政策落实过程中还面临一些问题挑战亟待破解。

一是用户对降费的获得感不强。国家统计局一项调查显示，在 3400 名受访用户中，2018 年以来月均手机资费支出感觉上升的达 45.5%，感觉基本没变化的占 40.8%，感觉下降的只占 13.7%。客观上流量使用总量在飞速增长，会在一定程度上“冲淡”用户对单价下调的感受。此外，一些不规范、不合理的经营行为增加了消费者隐性成本。例如，有的地方运营商还存在违规收取开卡费、取消漫游费不彻底等情况，一些手机软件在用户不知情的情况下消耗流量，都会推高实际话费支出。

二是资费套餐不合理成为消费者反映的突出问题。根据中国消费者协会公布的数据显示，2018 年上半年受理电信服务类投诉超过 1.6 万件，同比增长 26.3%，主要投诉内容是套餐资费不明确、告知不详实、收费名目繁多等问题。例如，有的电信运营商强行设置“霸王条款”，限制消费者携号转网；有的业务推广存在捆绑销售，玩“文字游戏”，选择性介绍套餐内容，诱导消费者变更业务。这些问题都会影响用户体验，令提速降费带来的实际红利大打折扣。

三是信息基础设施短板仍然突出。根据世界知识产权组织等联合发布的 2018 年全球创新指数排行，在 126 个国家和地区中我国创新能力总体排名第 17 位，但信息通信技术基础设施普及率、利用率两个分项指标分别排名第 75 位和第 63 位，明显落后于发达国家。一方面，农村及偏远地区信息基础设施建设滞后，全国既无光纤，又无 4G 网络的贫困村尚有 1 万个左右。另一方面，城市中公共无线网络的质量有待提升，标识不清晰、信号不稳定、上网速度慢、信息安全隐患等问题普遍存在，让公共无线网络没有发挥应有作用，有的甚至成为“摆设”。

四是网络提速仍有较大空间。我国网速近年来虽有明显提升，但与国际领先水平相比仍有一定差距，固定和移动宽带下载速率目前都不到最领先国家的50%，落后于韩国、新加坡等周边国家。同时由于网络传输的一些中间环节存在瓶颈，导致用户实际可用网速低于运营商宣传的接入网速。例如，在实施光纤到户改造工程时，一些拥有较大话语权的小区物业会收取高额进场费，甚至要求分成，影响了电信运营商光纤改造的积极性；还有一些小区开发商、物业与二三级宽带运营商签订排他性协议，住户没有自由选择通信服务提供商的权利。

## 三、进一步推进网络提速降费的建议

网络提速降费关系全社会及广大人民群众利益，必须坚定不移持续推进。要进一步顺应社会期盼，以提升用户获得感为出发点，完善政策措施，优化市场环境，让群众和企业切实受益。

第一，加快高速宽带网络建设。扩大4G网络覆盖广度和深度，针对弱覆盖、覆盖盲点进行补点建设，满足流量增长需求，特别是加快农村及偏远地区网络建设，尽快实现行政村4G网络全覆盖。对标国际一流，继续推动光纤宽带提速升级，在推动百兆宽带用户普及的同时，加快千兆光网建设步伐。严格执行光纤入户标准，消除宽带网络接入“最后一公里”瓶颈，确保有线接入速率均值达到签约速率的90%。

第二，移动网络流量平均资费2019年至少再降低20%。随着技术持续进步、网络日益完善，单位流量成本会不断降低，流量资费还有下调空间。同时，在流量消费爆发式增长的大背景下，虽然平均资费大幅下降，但运营商流量收入和总体利润仍然保持增长势头。2018年前三季度，三大运营商净利润合计1175亿元，移动数据及移动互联网业务收入同比增长10.9%。继续保持一定的降费力度对2019年运营商收入的影响是在可承受范围之内。此外，还要积极推动国际资费降费，加大与国外运营商谈判力度，持续降低结算成本。

第三，切实降低资费套餐门槛。一是简化资费方案，加强资费信息公示和流量主动提醒，提高消费透明度，推出更多以实际使用流量来收费的套餐，避免套餐内容“华而不实”、流量多却用不完。二是尽快全面落实携号转网，允许用户在不更换手机号码的情况下跨运营商选择资费套餐，倒逼运营商真正降低资费水平、提供更加优质服务。三是创新套餐模式，鼓励运营商面向中小微企业推出优惠融合套餐，满足企业客户一揽子信息需求；推出优惠力度更大的“扶贫套餐”，切实降低贫困人口通信费用支出。

第四，进一步扩大公共场所免费上网范围。鼓励将公共无线网络纳入城市基础设施规划建设范围，支持各地加快推进行政服务大厅、交通枢纽、旅游景区等公共场所免费无线网络覆盖。同时对既有公共无线网络热点进行升级改造，不断优化认证程序、完善相关提示信息，提高网络服务质量。

第五，优化电信市场管理与服务。加强消费者权益保护，畅通投诉举报渠道，鼓励监管机构和运营商建立定期与消费者面对面沟通机制。支持第三方机构强化网络速率、用户普及等监测工作，定期发布相关数据，充分发挥社会监督作用，确保提速降费各项政策落到实处。规范设定手机软件的技术标准和门槛，加大对“偷流量”“偷信息”等“恶意软件”的处罚力度。重点治理小区物业与运营商签订垄断协议等不正当竞争行为，保障住户可自由选择宽带服务。

# 深化交通运输“放管服”改革应聚焦破解“三多三难”

张军立　刘若霞　李钊

近日，我们组织有关部门、行业协会、部分企业对进一步深化交通运输行业“放管服”改革进行专题研究，各方反映强烈的问题集中表现为“三多三难”。

“三多”主要表现在：

**一是客运运输审批束缚多。**客运班车实行“四定（定线路、定车辆、定站点、定班次）”管理，运力增减、站点选择、车辆更新、价格制定等均需主管部门审批，客户包车更是“一事一批”。客运线路要按照“省际、市际、县际、旅游”分门别类报批，跑班线的车辆只能跑班线，闲置了也不能转为旅游包车，加剧市场供需错位和运力资源浪费。

**二是多头管理重复审核多。**车辆管理和道路运输涉及交通、公安、环保、工信、市场监管、应急管理、商务、海关等多个部门，可谓“九龙治车”。车辆方面，市场准入设有汽车产品公告、3C 强制认证、环保型式核准目录、燃料消耗量达标等多项检测，上路运营需办理行驶证和营运证，每年还要进行年审、年检和环检。上述检测标准高度重合，但管理制度不衔接、结果不互认，企业需要分别送检，既造成麻烦也增加支出。人员方面，驾驶员要同时考取交管部门的驾驶证和运管部门的从业资格证，二者申请条件和要求类似，从业资格培训考试流于形式，很多时候是“花钱买证”。

**三是行业考核评估项目多。**地方主管部门反映，对客运运输企业进行安全检查十分重要，但目前考核评估项目过多，包括安全生产状况评估、安全生产标准化达标考评、客运企业质量信誉考核等，涉及部、省、市、县不同层级。部分评估内容基本相同，但考核标准不一，经常因为所提供的材料格式不符多次返工，加上每项考核评估时间不同，企业疲于应付各项检查评估。

“三难”主要表现在：

**一是货运运输许可办证难。**目前我国 75% 的货运运输车辆是个人所有、个人经营，受工商登记、税收管理和运输管理制度限制，多数难以注册个体工商户并拿到《道路运输经营许可证》，不得不采取“挂靠经营”，导致难以从正规途径开具税务发票进行增值税抵扣，造成一系列行业乱象。此外，货运企业总部获得道路运输资质后，各分支机构仍需到当地运管部门重新申请，增加了企业成本负担。

**二是便企改革举措落地难。**2017 年，交通运输部推行跨省大件运输全国联网并联许可，由起运地省份统一受理，一地办证、全线通行，但政策措施缺乏实施细则，还有待真正落地。相关企业反映，大件运输超限证每一次上路都需申请办理，一般需要 10 多个工作日，经常为协调异地办证连人带货滞留在半路。再如，车辆异地年检年审改革后，很多地方要求携带车辆相关证件到车辆属地运管部门开具委托书，办理起来也不方便。

**三是全国统一监管执法难。**企业普遍反映，公路执法标准规范是亟须解决的关键问题。比如，目前各地对于超长、超宽的超限治理标准不一、进度各异，导致长途运输企业无所适从。再如，甩挂运输是一种大幅降低货运装卸成本的运输方式，但由于厢式半挂车合法装载标准不一，各地对挂车上路执法要求不同，阻碍了甩挂车辆通行。此外，相较于传统道路运输业，对无车承运人等互联网运输平台监管有限，城际网约车等一些新业态成“监管真空”。

总的来看，各方对道路运输领域审批过多、管得过细等问题反映比较突出。过多过细的审批许可，增加了制度性交易成本，束缚了运输企业经营自主权，亟待通过深化改革加以破解。我们建议，把交通运输行业作为2018年“放管服”改革的重点，顶层设计，系统谋划，大力推进。

**第一，精简车辆准入审批。**整合准入环节的机动车产品公告、3C强制认证和燃料消耗量达标检测，实现一次送检、全面检测、结果互认。减少过于细分的车型分类，推行车辆产品系族管理，鼓励企业对同一系族车型产品进行申请，根据市场需要对车型进行微调，无须在同一类别内重新申请准入许可。

**第二，适度放宽客运经营限制。**在保证安全和服务标准的前提下，扩大客运班线企业自主经营权，由“四定”改为“一定（定线路）”，在客运运力投放、车辆选择、班次调整、站点设置方面实施备案制，及时向社会公布。取消旅游客运、包车客运审批，促进闲置运力转型。对客运票价实行区间管理，制定最高、最低票价，建立以市场需求为导向的价格调整机制。

**第三，简化货运审批许可。**推动普通货运道路运输经营许可改为备案管理，探索普通货运车辆营运证与行驶证、驾驶证与从业资格证“两证合一”。支持货运个体司机办理个体工商户注册和税务登记，打通增值税抵扣链条，降低物流成本。加快落实“三检合一”、异地年检年审和跨省大件运输全国联网并联审批政策，取消异地检验检测委托书等附加限制。

**第四，创新无车承运人监管模式。**发展无车承运人是促进物流运输行业规模化、集约化发展的重要途径。探索无车承运人管理的个体司机在工商税务登记、道路运输经营备案等环节开展“承诺制”试点，实行“政府管平台、平台管车辆”的两级监管模式。研究制定道路运输小规模纳税人异地代开增值税发票、无车承运人代开专用发票政策，促进无车承运互联网平台等新型高效物流组织模式的发展。

**第五，加快统一监管执法标准。**加强各部门协调联动、信息互通、资源共享、监督制约，尽可能减少企业负担。进一步规范厢式半挂车装载和通行、公路超限超重治理等统一执法标准，加快实现全国道路运政管理信息联网，避免违章重复执法。支持公路运输与铁路、民航、水运等加强合作，推动各项标准衔接，促进“多式联运”和全程“一单制”运输发展。

# 进一步提高高速公路通行效率的建议

张军立　张泰　马波

近期，我们就提高高速公路通行效率问题进行了专题调研，与有关部门、专家学者和企业进行了座谈，听取意见建议。综合各方观点，我们认为，从我国基础设施、技术保障、管理水平、配套措施等方面综合考虑，进一步提高高速公路通行效率，可以分两个阶段推进：当前阶段，加快升级改造 ETC 通行系统，扩大应用范围，缩短通过时间，提升通行效率；第二阶段，积极推动北斗卫星导航技术在高速公路的应用，加快实现无站自由流收费。

## 一、当前阶段，加快升级改造 ETC 通行系统

我国从 20 世纪 90 年代引入 ETC 技术，2015 年实现了除西藏和海南以外的全国高速公路 ETC 联网运营，截止到 2018 年 4 月底，已经累计发展 ETC 用户 6465 万，建成专用车道 17708 条，为提高通行效率发挥了重要作用。但从当前运行情况看，也存在不少突出问题，比如，货车、出租车普遍没有安装 ETC，客车安装比例也仅有 30% 左右，ETC 车道普遍限速 20 公里，限制了车辆通行速

度，ETC 办理耗时多、较繁琐，影响车主安装积极性，等等。进一步提高高速公路通行效率，从近期看，除加快推动取消高速公路省界收费站外，还需在以下 5 个方面加大工作力度。

一是加快推进货车 ETC。货车通行效率低下是造成收费站拥堵的重要因素。我国目前 ETC 仅支持客车，货车由于采用计重收费，通过收费站时必须停车称重。在正常情况下，货车单车收费时间为 60—80 秒，驶入收费车道、停车及启动、驶离车道等时间合计为 40—60 秒，故货车从驶入车道到完成收费、驶离车道共需耗时 2 分钟左右。如遇到司机对计重结果有争议，需要复秤等情况，通过时间还会进一步延长。缓解收费站拥堵，当务之急是加大货车 ETC 推广应用力度。建议抓紧研究制定全国统一的货车 ETC 相关技术标准，推广应用动态称重技术，对安装 ETC 的货车给予一定通行费减免优惠，吸引车主办理使用 ETC，实现货车计重不停车通行。

二是加快推进出租车 ETC。目前全国范围内出租车使用 ETC 几乎是空白。以北京为例，全市有近 7 万辆正规出租车，均未安装 ETC 设备，通过首都机场高速公路收费站时只能走人工收费通道，加剧了拥堵，降低了效率。究其原因，一方面是技术问题，ETC 车载设备与出租车计价器之间不能通信，高速公路通行费无法与出租车费合并开票；另一方面是利益问题，出租车公司和司机不愿承担安装 ETC 的成本。我们认为，出租车使用强度大、通过收费口次数多，更应加装 ETC。建议尽快完善接口标准，加快实现 ETC 设备与出租车计价器之间的关联，实现过桥过路费与出租车费“一张票”；要研究成本共担机制，推行出租车 ETC 强制性安装，加快实现出租车 ETC 全覆盖。

三是优化提升 ETC 通行速度。目前，客车在通过 ETC 收费口时限速 20 公里 / 小时，有些地方还加装了减速隔离带，车辆通过速度更低，通行效率大打折扣。调研中，各方都反映近年来 ETC 技术逐步成熟，以更高速度通过收费口是完全可行的。建议兼顾安全因素和效率因素，将收费站 ETC 通过速度提高至 40—60 公里 / 小时。

*四是推动汽车前置安装 ETC*。目前，我国 ETC 设备全部为用户购车后自行安装，许多车主嫌麻烦，安装的积极性不高。建议制定强制性标准，在汽车生产环节前置安装 ETC。这样做的好处很多：其一质量有保障。ETC 装置由汽车生产厂商按汽车行业标准配置，既能保证设备质量，又能解决 ETC 装置“供电”问题。其二使用更方便。目前 ETC 维修站点很少，如成为汽车标配，由 4S 店承担 ETC 的激活、维修、更换等，可以极大便利车主。其三管控更有效。可以实现对货车、特种车辆、特殊车辆的实时在线监测。建议交通运输部门、工业和信息化部门、公安部门紧密配合，推动国内生产、销售的汽车实现 ETC 前置安装，做到增量全覆盖。

*五是拓展互联网支付应用*。只有更方便、更好用，才能更普及。近年来，互联网支付在高速公路收费环节加速发展。十几个省份试点开通了微信、支付宝等手机移动支付和银联“云闪付”服务；一些省份在个别收费站开展了基于车牌图像识别技术的不停车手机移动支付试点。从试点情况看，两种支付方式都取得缩短通过收费站时间、适应年轻群体支付习惯等积极效果，但仍然只是在人工收费车道使用，还没有真正融入现有 ETC 系统之中。建议加快推动微信、支付宝等移动支付手段与 ETC 互联互通，更好适应互联网时代消费和支出习惯，加快提升 ETC 使用的便利度。

## 二、第二阶段，实现无站自由流收费

无站自由流收费，是高速公路收费的发展方向。目前，一些国家和地区已经实现了无站自由流收费，比如新加坡在城区建立电子道路收费系统，目前正在开发基于全球导航卫星技术的新一代无闸门电子收费系统，预计2020年起逐步实施；德国利用卫星定位技术对所有12吨以上大货车进行车辆位置确定并收费；我国台湾地区在2014年全部取消高速公路收费站，通过射频识别技术实现多车道自由流收费。建议有关部门抓紧就无站自由流收费进行研究，制定时间表、路线图，加强相关技术攻关，完善公路收费体制机制，健全高速公路管理制度，积极开展试点示范，争取用5—8年的时间，取消高速公路收费站，实现车辆在不减速状态下无感收费。建议重点做好以下工作：

一是加快推广“北斗”交通领域应用。卫星通信识别技术，是实现无站自由流收费的主流技术，不仅能实现对所有通行车辆的实时监控，还可以精准识别车辆行驶路径，实现精准收费。要进一步促进“北斗”在交通运输领域的推广应用，加快推动车辆出厂前预装北斗导航，加强交通运输行业北斗系统基础能力建设，尽快将北斗应用系统纳入交通运输标准化体系，实现“北斗+交通”融合应用新模式，这样既为交通运输行业提供高精度、全天时、全天候的服务，也扩大我国自主导航系统“北斗”商用范围，加快形成完整产业链。

二是加快信用建设。无站自由流收费，往往是“先通行、后付费”，这就要求必须有完备的信用体系作保障。要加快建立车辆和车主信用档案，打造集车辆登记信息、交通管理信息、通行交费信息于一体的复合信息系统，逐步建立起收费公路信用体系。

三是加快完善相关法律法规。实现无站自由流后，偷逃通行费行为可能增加。要借鉴国外经验做法，修订《公路法》《收费公路管理条例》等法律法规，建立健全完备的偷逃费稽查体系和处罚机制，有效打击偷逃费行为，保障高速公路正常运营管理秩序。

# 加快建立便利退出机制<br>着力破除企业注销难问题

乔尚奎　姜秀谦　王存宝

近年来，随着商事制度改革深入推进，新的市场主体大量涌现，但同时企业注册容易注销难的问题十分突出，社会反映强烈，需加快解决。

## 一、企业注销难已成为创业发展的一大堵点

2017 年，全国新登记企业 607 万户，企业活跃度在 75% 左右，相当于每新增 4 个企业约有 3 个保持活跃。据此估算，活跃的企业约有 400 多万户，其余的企业或被吊销营业执照，或成为僵尸企业，或注销登记，但全年准予注销的企业（包括新登记企业）总量不多。自 2017 年 3 月实施简易注销改革以来，注销通过率虽逐步提高，但仍有很多应退出市场的企业不能及时顺利退出。

从企业和部门反映的情况看，企业注销难主要难在以下几个方面：一是程序繁、多次跑。企业注销一般要经过企业清算、监管部门备案登报、注销税务、递交注销资料、银行销户等程序，

企业反映整个过程下来要跑近30趟。二是材料多、备齐难。有企业反映，除基本的清算报告、注销申请书等材料外，还需要提交各种票据、凭证、账本、报表、证明等，总计十几份材料，有些材料企业自己准备不了，要找多个部门办理，有的推来推去很难办，有的信息材料最终也难以找到。三是周期长、难预期。公告时间为45天，到部门递交资料和审核办理的时间不确定性较大，整个流程要5—7个月，如出现一些较难追溯的问题则要1年以上，涉及破产清算短则2年、长则几年。据媒体报道，一个2008年停业的企业，因为被吊销营业执照后未及时办理注销手续，后来跑了很多趟都没办好，2018年再去办理时更是困难重重。由于被吊销执照后进不了企业信息系统，大量材料只能手工准备。按规定办理企业注销前要先结清应纳税款，办理税务注销登记。这家企业虽已多年没经营也要报税，补缴相应的税务罚款。但由于企业的税务信息找不到，罚款也交不了，跑了三四个地方、五六趟之多，至今也没能注销。企业注销繁杂的手续和一道道难关，让很多企业望而生畏，要么干脆不办理注销，要么委托代理，由此催生了大量中介，有的代理费较高，增加了企业负担。

企业注销难，不能及时退出市场，对企业和个人都会造成严重影响。企业可能会因为经营状态异常进入监管部门的黑名单，目前被列入异常经营名录的企业，有不少是因为没有及时注销造成的，给企业发展带来影响。企业的法定代表人、股东、合伙人在创办公司、个人信用、融资贷款、乘坐飞机高铁、享受政策优惠等方面都会受到较多限制。对监管部门而言，还会形成一批僵尸企业，增加了管理成本。

## 二、前置审批多、经办机制不完善是企业注销难的主要原因

根据调研中企业和部门反映的情况，企业注销难有些是企业自身的原因，比如，有的企业因拖欠税款、无法开具清税证明，以致不能办理注销登记；有的企业因相关债权债务没有清偿，不能进入注销程序；还有的企业被吊销营业执照后没有及时办理注销手续，导致企业被纳入经营异常名单，再办理注销非常麻烦。但从总体上看，制度设计和经办工作机制不完善是造成企业注销难的主要原因。

一是前置条件多导致程序链条被拉长。按照《公司法》的规定，公司注销先进行清算，清算结束后，由清算组制作清算报告，报股东会、股东大会或者人民法院确认，就可以报送公司登记机关申请注销公司登记。但《公司登记管理条例》等法规文件又规定了许多前置条件。据市场监管总局公布的变更和注销登记前置审批事项指导目录，包括证券、保险、出版印刷、劳务、烟草在内的 32 个事项需要进行前置审批，涉及的企业还要到相关主管部门办理审批手续。每个部门又根据自身需要规定了材料和流程，大流程套小流程、同类材料重复提交。还有部门反映，实施多证合一后，一张营业执照上加载了若干个证照，其中任何一个主管部门有异议就无法注销，一定程度上延长了办理时间。

二是办理方式比较机械。相关部门在办理企业注销时，对纳税信用等级高与等级低的企业、正常经营与经营状态异常的企业，都按照一个标准、一个方式办理，缺乏区分度和针对性。办理的要求、方式也比较僵化，影响了办事效率。比如，有企业反映，因为一个股东签名与第一次签字笔迹不完全一致，就要跑两三趟

办事大厅；签字必须是纸质的，有时要逐个送达分散在各地的股东签字，或一遍遍录制现场签字的视频，不够灵活和便利。

三是经办人员随意性大。有的企业反映，一些地方的工作人员在办理企业注销时，由于办理的时限和要求不够明确，办事的快慢往往取决于工作人员。还有一些地方只欢迎招商引资、新设企业，不欢迎撤资、迁址、注销，工作人员有时对企业的注销申请拖着不办，正常程序之外的不确定性增加。

## 三、几点建议

解决企业注销难问题，需要从完善制度设计着手，大力精简优化流程，实行分类注销、精细管理，形成部门合力，真正让企业进退自如。

第一，大幅精简企业注销的前置审批。抓紧调整注销登记的前置审批事项，对不涉及安全和相关方利益的审批事项能取消尽量取消，或改为备案、征求意见等方式。简化办理流程和要求，对因营业执照遗失、法定代表人无法代表公司提出申请等情形导致企业需要办理变更等手续的，与注销程序合并为一个环节；对股东失联或不配合、法定代表人签署注销文件确有困难的，允许以清算决议和清算报告、清算组负责人或新委派法定代表人签署的形式代替。鉴于银行开户正在推动由核准改为备案，可同步取消银行销户核准。

第二，大力推行简易注销。在现有的适用简易注销程序的四类企业基础上，进一步扩大适用范围，把企业经营状态良好、纳税信用等级较高的企业，尽可能纳入简易注销程序，使其便利退出。考虑到现在网络信息传播速度远超过纸媒，可大幅压缩公告时间，公告方式由登报公告转为通过国家企业信用信息系统等公共网络平台公告，有条件的地方可由公司登记机关代为公告。

第三，推动实行“一窗办理”“一网通办”。完善一个窗口集中受理，相关部门同步办理、联动注销机制，全面推行首问负责、一次性告知等服务。依托目前各地正在推行的企业登记全程电子化平台，开通网上注销服务功能，实现市场监管、税务、商务、人力资源社会保障、海关、人民银行等部门共享企业信息、办理进度和结果。探索异地申请和办理，打通登记管辖区域之间的经办障碍。

第四，加快推行电子签名、电子证明。对目前涉及的纸质签名要求，比如股东、合伙人签署确认清算报告，法定代表人或清算组负责人签署注销文件等，有条件的可改为电子签名，并在完善企业登记电子化过程中逐步替代纸质签名。取消纸质的清税证明，改为电子证明，或不再要求开具清税证明，由税务部门以核查确认的方式告知市场监管部门清税结果。对公司主管部门批准注销的决定文件，通过部门之间内部核查、电子推送的方式验证。

第五，积极探索信用承诺、容缺办理。对已清算债权债务、清缴完税费，但材料等形式要件不齐的企业，可允许作出信用承诺后先注销企业、后补办材料。对信用等级较高的企业，在清算完债权债务仍涉及拖欠税费，但经过评估、担保后能够限期偿还的，可研究探索先行注销。对通过信用承诺方式注销的企业，加强企业法人、股东、合伙人等信用追踪和管理，对失信行为严加惩戒，保障相关人合法权益。

# 我国国际竞争力快速提升但短板明显<br>亟须提高政府效能改善营商环境

张凯竣

瑞士洛桑国际管理发展学院每年发布的世界竞争力年报，是世界上最有影响力的经济体竞争力评估报告之一，已成为各国政府研判形势、制定政策的重要参考和企业对外投资决策的重要依据。近日，我们对最新发布的《2018 年世界竞争力报告》（以下简称《报告》）进行了分析研究，对我国的总体表现特别是政府效率、营商环境等方面情况进行了国际比较。总的来看，我国国际竞争力持续增强，但在一些具体方面仍有很大差距，面临的问题和挑战需要高度重视。

## 一、我国国际竞争力保持快速提升势头

《报告》聚焦“一国（地区）管理自身资源和资产以实现企业繁荣、民生富足的能力”，主要根据经济表现、政府效能、商业效率、设施建设四大类指标进行评价，共计 20 个子类 260 余项基础指标，其中约 2/3 来自上一年度就业和贸易等统计数据，1/3

来自当年度对6000多位企业高管的调查。通过对各类指标成绩加权汇总，得出一国（地区）竞争力评价的综合结果。目前《报告》涵盖了全球63个经济体，我国自1995年起被纳入评价范围。从2018年的情况看，我国竞争力总体排名继续大幅提升，国际地位和影响力进一步增强。

我国竞争力总体排名创历史新高。在2018年的评比中，我国以89.02分（满分为100分）排名第13位，比2017年上升5位，是参评以来的最好成绩。在亚太地区排名第3位（前两位是中国香港、新加坡），在人口2000万以上的国家中排名第3位（前两位是美国、加拿大）。过去几年我国排名一直在20位左右波动（2014—2017年排名分别为第23、22、25和18位），最近两年排名开始大幅跃升，累计提高了12位。对于这样大的进步幅度，《报告》发布方表示“在众多经济体中表现得非常突出”。

国内经济和就业表现继续亮眼。我国的经济表现高居全球第2，在内部经济和就业两个分项指标中继续排名首位。近年来，我国经济保持了总体平稳、稳中向好，占世界经济的比重不断提高，已成为推动世界经济增长的主要动力。城镇新增就业连续5年保持在1300万人以上，失业率处于较低水平，在经济结构调整中实现了比较充分的就业。这样的成就得到了国际社会的高度肯定。

商业效率和设施建设水平稳步提升。我国的商业效率排名第15位，较2017年上升3位，其中劳动力市场分项指标排名首位，丰富的人力人才资源和相对低廉的劳动力成本，仍然是我国重要的竞争优势。此外，改革意愿强烈、创业氛围浓厚、重视数字化转型等，都是商业效率排名提高的重要原因。我国的设施建设排名第19位，较2017年上升6位，在四大类指标中进步幅度最大。其中，技术设施、科学设施两个分项指标分别排名第1和第2位，表现十分突出，反映出我国深入实施创新驱动发展战略、广泛开展“双创”取得的积极成效。

“放管服”改革有效改善了营商环境。《报告》分析认为，我国国际竞争力显著提升主要源自两方面因素：一是对软硬件设施投资力度的持续加大；二是政府规章进一步简化，提升了营商效率。“放管服”改革的效果得到相关指标的有力支撑。例如，企业开办环节由2017年的9个减少到7个，企业开办时间由28.9天缩短为22.9天，进步幅度在各项指标中均位居前列。营商便利度排名第25位，高于总体平均水平。政策的灵活性和适应性、决策执行力两项调查指标分别排名第5和第7位，体现出企业高管对我国行政效率的总体认可。

## 二、税费负担等是我国竞争力评比中的突出短板

在看到我国竞争力总体显著提升的同时，也要注意到评价结果反映出的问题和不足。在四大类指标中，除经济表现优异外，其余三项仍相对比较落后。

税费负担偏重。企业所得税占GDP比重3.88%，高于2.96%的平均水平，排名第51位。个人所得税有效税率20.14%，高于16.97%的平均水平，排名第36位。企业员工和企业雇主的社保缴费费率分别为20.14%和38.17%，远高于9.32%和16.71%的平均水平，分别排名倒数第3和倒数第2位。企业和个人感受到的实际税收负担，分别排名第54和43位。总的来看，主客观指标都反映出企业和个人的税负压力较大，制约了企业的可持续发展和对人才的吸引力。

对外开放水平仍有待提高。我国对贸易最惠国的进口关税税率为9.92%，高于6.03%的平均水平，排名第56位。贸易开放程

度排名第 50 位，政府采购对外国企业开放程度排名第 53 位，外资企业控股本国企业的开放程度排名第 61 位，资本市场对外国投资者开放程度排名第 58 位。这些指标排名都比较靠后，表明我国在放宽外资市场准入方面还需进一步加大力度。

营商环境尚有较大提升空间。企业开办时间排名第 53 位，企业开办环节排名第 39 位，通关便利程度排名第 39 位，公平竞争保护程度排名第 44 位，法治化程度排名第 43 位，产权保护程度排名第 42 位。这些指标普遍低于世界平均水平，反映出尽管近年来我国营商环境不断改善，但与世界第二大经济体的地位仍不相称。

政府效能总体排名不升反降。政府效能主要反映政府“在维持稳定的宏观经济环境、创造公平的市场竞争环境、应对国际环境变化、维护社会公平正义等方面的能力和水平”。2018 年我国排名第 46 位，在四大类指标中最低，较上年下降 1 位，延续了近几年排名相对靠后的态势（2014—2017 年排名分别为第 34、35、51 和 45 位）。从分项指标看，公共财政、税收政策、制度框架、商业监管、社会结构的排名分别为第 40、54、32、50 和 32 位，都处于中下游水平。其中，公共财政排名较上年下降 8 位，降幅最大，主要原因是政府债务风险持续积累，需要高度警惕。

## 三、对提高我国政府效能、增强国际竞争力的几点建议

他山之石，可以攻玉。国际竞争力排名给我们提供了一面正视自我、找准定位的“镜子”，对于结果要理性分析、客观看待，既要重视评价排名反映出的问题和差距，也要看到指标体系自身存在的局限性和片面性。要将评价结果与我国的发展实际和政策规划结合起来，聚焦突出问题，瞄准国际一流，下决心下力气深

入推进改革开放，真正做到扬长补短、兴利除弊，不断提高我国的政府效能，增强国际竞争力。

一是持续深化“放管服”改革。我国营商环境与国际比较差距仍很大，企业和群众也还有不少不满意的地方，“放管服”改革需要继续加力增效，向纵深推进。要围绕“六个一”的要求，出台具体落实举措，切实提高企业营商、群众办事的便利程度。要创新监管模式，健全法律法规体系，维护公平竞争的良好市场秩序。要增强服务意识，利用互联网、大数据等技术手段有效优化政府服务。

二是切实减轻市场主体税费压力。税费负担重是本次评价中反映最为突出的一个问题，也是制约我国竞争力总体排名的最大短板。近年来，我国持续加大减税降费力度，但社会感受与政策目标预期还有一定差距。要进一步分析深层次原因，找准税费负担重的真正“痛点”，有的放矢、对症下药，制定更加行之有效的政策举措，让企业和群众有实实在在的获得感。

三是着力提高对外开放水平。《报告》中受访对象对我国市场开放程度的评价普遍较低，体现出国际社会在扩大开放方面对我国还有更高期待，也说明我们近期出台的大幅放宽市场准入、降低进口消费品关税等一系列举措正当其时、十分必要。扩大开放是双赢之举，有利于增强外资企业在国内市场的投资与创新激励，满足国内多样化消费需求，也会提高内资企业的竞争意识和生产效率。我们要坚定不移推动投资和贸易自由化便利化，不断提升我国的国际竞争力和影响力。

四是高度重视政策效果评估。世界竞争力排名等国际权威评价报告，对于我们检验政策效果、查找发现不足具有重要的参考价值。要借鉴这样的做法，对接国际评价指标，结合我国实际，加快制定适应高质量发展要求、检验改善营商环境等政策效果的指标体系、统计体系、绩效评价和政绩考核体系。当前我国很多地方都在研究制定营商环境评价机制，或邀请第三方机构对本地营商环境进行评估，这是一个好的开始。要发挥好考核评价的“指挥棒”作用，把评价结果作为政府工作的重要指针，建立完善的评价效果反馈机制，让各项政策举措真正落到实处、见到实效。

# 在更大范围试行<br>进口商品“验放分离”监管改革<br>提高进口贸易便利化水平的建议

王为人　乔尚奎　汪克强　樊险峰　姚建军　宋健

以制度创新推动进口环节贸易便利化，促进扩大高品质日用消费品等国内急需的商品进口，有利于更好满足人民群众对美好生活的需要，有利于带动居民消费升级和相关产业发展，为中国经济发展增添更多动力和活力。近期，我们就上海市长宁区探索对进口商品实行“验放分离”、推行检验检疫“四个转变”为主要内容的监管制度重大创新情况进行调研，提出在更大范围推广创新经验、推动提升我国进口环节贸易便利化水平的政策建议。

## 一、上海市长宁区在全国率先探索进口环节贸易便利化“四个转变”改革创新的主要做法

2017 年 12 月，上海市长宁区与原上海检验检疫局在大量调研准备的基础上，正式启动以进口商品检验检疫“四个转变”为主要内容的监管制度改革创新，对首批 5 家符合条件的进口企业

实行“验放分离”，通关速度实现“零等待”，有力提升了贸易便利化水平。主要做法是“四个转变”：

一是探索从“不合格假定”向“合格假定”转变。按照传统检验监管模式，进口商品要“逐批查验”“先检后放”，导致很多深受国内居民欢迎的国外品牌鲜奶等生鲜货品“还未上货架已过保质期”。改革后，对达到一定信用等级的企业，口岸监管部门依据企业作出的商品质量合格承诺，试行“审单放行”的“合格假定”模式，通过风险预警和快速反应机制，实现从“管商品”向“管企业”转变，监管效率大大提高。

二是探索从“检方授信”向“多方采信”转变。传统的检验方式一般只认可口岸监管部门指定实验室出具的检测报告，企业等候时间长。改革后，对风险可控的商品，监管部门不再强行要求出具指定实验室的检测报告，而是可以采信企业自身、贸易方或者第三方检测机构出具的检测报告，有效缩短进口商品的通关时长。

三是探索从“国门监管”向“事前事后监管”转变。传统检验方式在进口商品入境时进行检验检疫监管，通关时间较长。改革后，探索将检验关口前移至境外，通过我国派驻国外的专业检测机构事先对拟进口商品进行品质检测，并加贴包含检测信息的二维码，实现入境时“只需扫码，即可放行”。进口入境以后，如发现存在缺陷，可通过商品溯源体系实现快速召回，既守住了国门底线，又实现了快速通关。这其中，建立完善的商品溯源体系，是加强事前事后监管的关键。相关试点企业使用中检溯源系统，整合境外源头生产、物流运输以及口岸监管部门检测等进口商品相关质量安全信息，将其注入加贴在进口鲜奶上的“中检溯源”二维码上，通过手机扫码，就能获得“原产地、生产加工、产品详情、境外检验、物流温控、口岸查验、防伪查询”等全链条信息，实现了进口商品来源可查、质量可信、风险可控。

四是探索从“条块分治”向“检政企三方共治”转变。以往检验检疫格局，基本属于“进入国门时检验检疫单打独斗、进入国门后多个部门重复监管”的状态，造成口岸监管部门“不堪重负”、进口企业“疲于应付”。改革后，上海检验检疫部门从长宁区政府推荐的优势进口企业中，选择商品入境合格率较高的企业进行精准监管。长宁区还协调市场监管部门在进口商品流通领域直接采信口岸监管部门的监管结果，有效减少了企业被反复查验的烦恼。

进口贸易便利化的监管制度创新，是深化“放管服”改革的重要举措，其实质是通过“四个转变”，实现“验放分离”，从而既提高监管效率，又实现精准监管。这项改革是在充分论证、积极稳妥基础上推进的，对进口商品的质量安全是有保障的。这主要基于以下几点：第一，试点准入有门槛。口岸监管部门要求纳入试点的企业必须具备良好的口岸监管信用记录，建立完善的产品质量控制体系、质量安全追溯体系和应急处置体系。目前纳入试点的5家企业，是从近100家进口企业中经过3轮筛选，才最终确定的自律诚信度高的企业。第二，监管标准不降低。改革后，对每批进口商品仍然进行质量安全检验的要求并未改变，改变的是口岸监管的理念、机制和流程，通过企业承诺、多方采信、监管关口前移和检政企共治等监管创新，确保进口商品符合我国检验检疫标准。第三，安全风险可控制。改革的同时探索将保险公司作为第三方力量引入进口商品质量安全控制体系，引导试点企业购买专业保险公司的“质量安全险”，确保一旦发生质量安全事件，第一时间可以追溯和召回，第一时间给予消费者相应赔偿。

由于保障措施有效到位，改革以来试点企业没有发生一起进口商品质量安全事件。

## 二、上海市长宁区深化进口环节贸易便利化改革取得的主要成效

上海市长宁区进口贸易便利化“四个转变”的创新做法，为全国首创，弥补了我国在贸易监管理念上的短板，在推进质量安全治理体系和治理能力现代化方面作了有益探索。

一是通关效率明显提升。试点企业进口的巴氏鲜奶检验检疫通关时长从平均 192 个小时缩减为 2 小时以内，通关效率提高了近 100 倍，达到全国最高水平，可以与新加坡、迪拜等国际最高标准、最好水平比肩和对标，大大提升了消费者的购物体验，有的消费者说“能从进口鲜奶中品味出是哪种牧草”。

二是通关成本明显下降。以试点企业为例，兰维乐（上海）食品有限公司进口的三文鱼等短货架商品，如果按照常规方法实验室检测，等检验结果出来往往造成商品临近过期，无法上架销售，有时只能整批销毁。改革后，质量管控向源头延伸、向全链条覆盖，不用再等实验室检测报告，减少了商品整批销毁损失，预计今年可为该企业节约成本 100 万美元以上。上海新联纺进出口有限公司进口的冰淇淋，如果按照常规方法管控产品质量，企业需等实验室出具检测合格报告后才能提货，往往对整批货物都要支付高昂的冷库存储费用。改革后，冰淇淋可提早上架 1 个月，预计今年可为该企业节约成本 120 万美元以上。

三是进口业务明显增长。改革前，由于入境检验用时较长，进口商品能否如期销售存在较大不确定性，企业不敢做大业务规模。改革后，企业对通关时长有了明确预期，在确保质量安全的

前提下，企业可以放心开拓市场。比如，试点企业纽仕兰从发展初期试水性地进口零星批次鲜奶，到 2018 年一季度平均每月销售量突破 3 万瓶，二季度每月达到 20 万瓶，预计年底可实现每月销售 30 万瓶，比改革前至少增长 10 倍。其他试点企业业务量也显著增长。

四是监管能力明显增强。按照原来监管模式，检验检疫部门是进口商品质量安全管控的“主角”，对商品质量安全负主体责任的企业反而成了“配角”。改革后，企业履行商品质量安全主体责任的意识明显增强，有效减轻了国门监管的压力。监管部门可以将有限的监管资源集中到应加强管控的高风险目标上，进一步完善了进出口商品质量安全风险预警和快速反应监管体系。

五是为中国国际进口博览会提供风险压力测试。面对“6+365 天（6 天展会、365 天常年展示展销）”的全新展览模式，迫切需要在安全可控的前提下提升便利化水平。此次改革试点是对进口博览会进口商品监管模式创新的一次提前预演，为创新监管进行风险压力测试，为进口博览会提供了经实践证明高效可靠的监管模式。

## 三、相关政策建议

上海市长宁区在进口贸易便利化方面的制度创新，是与国际通行规则对接的一次大胆尝试，为企业拓展市场提供了国际一流的制度供给。这一创新做法具有可复制、可推广性。随着我国贸易从“重数量”向“重质量”转变，从“大进大出”向“优进优出”转型，迫切需要更为便利的贸易环境。特别是中国国际进口博览会举办在即，需要及时总结推广上海长宁经验，推动提高进口贸易便利化水平。为此建议：

（一）在更大范围复制推广“四个转变”改革试点成果。当前，这项改革试点还仅限于上海，国内其他口岸还是原有监管模式，通关时间较长，单个城市的辐射效应有限。一是建议口岸监管部门进一步加强与地方政府合作，研究制定可供全国复制推广的“四个转变”操作指南。针对不同类型的企业、不同风险等级的商品，明确申请加入改革试点的准入条件、实施改革创新的标准流程，实现规则开放透明、监管风险可控。二是建议由整合重组后的新海关牵头，加强全国重点口岸监管协同创新。按照统一的操作指南，逐步扩大“四个转变”试点城市和企业范围，让改革红利惠及更多的企业和消费者。

（二）建立健全重点进口商品质量安全全球追溯系统。一是鼓励支持相关企业建设和完善进口商品质量安全全球追溯信息平台，使更多重点进口商品加入全球溯源行列，不断提高商品质量安全水平。二是推动数据信息共享和系统对接。目前，由于我国口岸通关对社会数据信息共享不够，试点企业还要另外将获取的监管数据输入至中检溯源系统，而且能获取的数据不够全面。为此，建议口岸监管部门与第三方检测机构加强合作，加快信息系统对接，稳步拓展向社会公开共享的数据信息内容，实现追溯数据信息的统一、完整、规范、准确和安全。

（三）积极探索进口商品保税展示展销常态化新模式。中国国际进口博览会“6+365 天”的全新展览模式，迫切需要更高程度的贸易便利化和口岸监管制度创新。目前，参展商比较关心 365 天常年展示期间商品如何便利地入境销售。建议由新海关牵头，积极研究探索 365 天常年展示期间进口商品保税展示展销常态化新模式。运用新型监管技术，试点“先销后税”，在经海关认可的进口商品常年展示中心进行“保税展示展销”，放大进口博览会的溢出效应。

（四）进一步完善相关法律法规。现行的《进出口商品检验法》于 1989 年通过，一些方面与新时代我国向世界全方位开放和推进贸易便利化的要求不相适应。建议借鉴国际通行做法，吸收各地监管创新经验，加快修订我国商检法及其实施条例等检验检疫相关法律法规。通过风险分析研判，科学调整进出口商品法检目录。

# 理顺体制机制、加大改革授权 促进自贸试验区功能更好发挥

史德信　李强

最近，我们就自贸试验区建设及面临问题进行了调研，并赴河南自贸试验区实地了解情况，听取省有关部门、各片区管委会和区内企业的意见建议。总的看，我国自贸试验区建设取得积极成果，但也存在不少值得注意的问题，特别是体制机制还有不顺畅之处，限制了自贸试验区功能更好发挥。建议加快赋予自贸试验区更大改革自主权，理顺管理体制，进一步提升自贸试验区的建设质量和水平。

## 一、自贸试验区建设成效显著，但与预期存在一定差距

自贸试验区建设的根本目的，是为全面深化改革和扩大开放探索新途径、积累新经验，加快形成与国际投资、贸易通行规则相衔接的基本制度体系和监管模式。2013 年 9 月以来，中央先后设立 11 个自贸试验区，形成了“1+3+7”的建设布局，复制推广了 123 项制度创新成果，最近又决定在海南省设立自贸试验区。

总的看，自贸试验区建设取得积极成效，但与预期目标相比仍存在不足，主要表现为：

——推进进展不一，发展水平上彼此参差不齐。上海自贸试验区成立早、基础好，中央各部门支持力度较大，改革开放和制度创新走在全国前头，法治化、国际化、便利化的营商环境培育较好。广东、天津、福建处于第二梯队，而其他 7 个自贸试验区成立仅一年多，很大精力放在落实可复制可推广经验上，一些改革试点任务尚未落实到位。同时，各地对自贸试验区的认识不完全一致，特别是有些基层同志更多把自贸试验区看作发展平台，过于重视争取优惠政策、招商引资，对打造“制度高地”缺乏思路和手段。最近，各省市提交了关于授予自贸试验区更大改革自主权的政策建议，在申请的试点任务中，仍有相当一部分是希望获得特殊优惠政策。

——开放程度不高，对外资准入限制仍然较多。经过三次压缩，目前自贸试验区外商投资负面清单已从 190 项缩减至 95 项，但与发达国家仍有不小差距，如美国对外谈判负面清单中的禁止和限制措施不到 30 项。分行业看，在汽车、船舶、核电等制造业领域和金融、教育、医疗、信息等服务业领域，我国企业已具备较强国际竞争力，自贸试验区也有开放需求，但目前不少行业仍在负面清单之内。习近平总书记在博鳌亚洲论坛宣布了大幅放宽市场准入等一系列开放举措，自贸试验区在这方面也有所滞后。比如，符合河南地方特点的航空服务、医疗旅游等领域，对外资限制还较多；金融等领域有些开放举措上海已试行多年，迄今尚未推广到所有自贸试验区。

——创新力度不够，重大制度性创新有待加强。从与国际通行规则衔接的角度看，围绕公平竞争、环保、劳工、知识产权等高标准规则的制度创新较少；从企业需求角度看，放松管制和限制、提高资源配置效率、降低生产成本的重大改革举措也较少。我们对自贸试验区既有成果进行了梳理，发现很多创新都集中在操作层面，体现为业务流程的优化、便利程度的提升、审批时间的缩短等，类似外商投资备案管理、国际贸易“单一窗口”、证照分离等重大创新举措不多。同时，改革存在“碎片化”问题，只涉及单一部门的“微创新”进展较快，跨部门、制度性的改革进展较慢，高质量系统集成的创新案例较少。

调研中还有企业反映，对自贸试验区部分政策的内容、流程知之甚少，甚至当遇到一些具体问题时不知道该找哪个部门解决，影响了政策实施效果。

## 二、体制机制不顺、改革授权不足是主要原因

自贸试验区建设的组织实施在地方，但政策把握在中央有关部门。这一模式保障了改革的稳步推进，但由于各方面认识存在差异、关注各有侧重，加上各地管理体制存在诸多不适应，导致改革动力不足、沟通协调不畅、配套措施跟不上，一些改革创新举措进展相对较慢。

一是管理职能不清晰。国家对各自贸试验区的管理体制并没有统一要求。从管理区划看，各自贸试验区大都包括多个片区，有的片区又和数个行政区域、开发区交叉重叠，区块相对散碎；从管理方式看，部分自贸试验区管委会或片区管委会与属地政府实现了合署办公，但多数片区管委会与属地政府或是加挂牌子，或是不相隶属，工作统筹有一定难度。比如，有的片区管委会与属地政府经济管理职能、权责不清晰，协调不顺畅，综合审批、监管职能等受到制约；有的自贸试验区片区跨多个行政区和开放

平台，依托属地政府设立了多个管理办公室，存在管理力量较为分散的问题。

二是改革授权不到位。改革开放政策大部分掌握在有关部门手中，地方自主权较小。比如，自贸试验区的负面清单须由相关部门研究并报国务院同意后印发，难以照顾到地方的特定开放诉求。在实际操作中，有关部门往往对宏观审慎、防范风险更加关注，对改革开放授权较为慎重，导致自贸试验区的部分试点任务进展迟缓。有关方面调查显示，地方上报的改革措施仅 1/10 左右能批下来，许多有含金量的被砍掉了。还有地方反映，一些经济社会管理权限已由省级部门下放到自贸试验区，但最终审批权仍在国家部委，需申请赋权后才能实施，放权不同步导致办事更复杂。

三是重大改革协调难。自贸试验区建设涉及国家、省、市、区 4 个层级的多个部门，一些重大改革举措需要跨部门、跨层级对接，往往因协调不畅影响总体进度。比如优化贸易管理，涉及的部门就达数十家。再如，为推进“一网通办”“一次办妥”，需要打通各部门信息系统，实现数据无缝对接，但有的自贸试验区片区仍有很多审批事项没有实现网上对接。此外，有的行政许可事项下放后，行政处罚权限没有相应下放，削弱了改革效果。

四是配套措施跟不上。地方对此反映较突出的有两点：第一，法律调整跟不上改革创新步伐。虽然全国人大、国务院暂时调整了部分法律、行政法规、部门规章，但新问题还在随改革推进不断出现。如推行企业投资项目承诺制，允许企业在作出书面承诺的前提下，先开工建设，再办理建筑许可、环评等手续，但这与现行建筑法、环保法、城乡规划法等存在抵触，对相关法律作出调整前，各部门怕承担责任、不愿在企业开工后补办手续，企业也有后顾之忧、不敢尝试。第二，部分片区功能不完善，改革创新缺乏载体。据了解，海关总署牵头复制推广的25项创新成果中，大半要依托特殊监管区。而一些自贸试验区由于特殊监管区域不足，保税展示交易、大宗商品现货保税交易、融资租赁、飞机维修试点等制度创新经验难以复制，只能望“政策”兴叹。

## 三、提升自贸试验区发展水平的政策建议

针对制约自贸试验区建设的突出矛盾，建议坚持问题导向，对照国际最高标准，认真查找短板弱项，进一步优化体制机制，加大改革授权，鼓励地方大胆试、大胆闯、自主改，更好发挥自贸试验区功能作用。

（一）抓紧赋予自贸试验区更大改革自主权。在对外开放方面，要立足推动形成全面开放新格局，加快先进制造、现代服务业等领域开放步伐，在自贸试验区先行先试，真正起到压力测试作用。在制度创新方面，将更多中央事权下放给自贸试验区，鼓励所在省市向自贸试验区管理机构下放更多审批权限，同时对各地放权事项进行评估，加强统一培训，确保既放得下又接得住。

（二）引导地方理顺自贸试验区管理体制。从实践看，自贸试验区管委会与属地政府合署办公有助于集中资源、提高效率；而有些自贸试验区管委会更类似于一个协调机构，推进改革的力度就较弱。鉴于各地情况千差万别，中央不宜统一硬性要求，但应鼓励地方借鉴成熟经验和好的做法，给予自贸试验区及其片区充分的经济社会管理权限，特别是赋予管委会必要行政权力，并适当减少中间层级，构建集中统一、简洁高效、更具统筹协调能力的管理机构。

（三）加强中央和地方两个层面的协调。一方面，发挥部际联席会议作用，加强对自贸试验区建设的指导，当务之急是督促

各部门落实十九大精神，尽快给予地方更大改革自主权；同时推动制定统一的数据标准，实现部门之间、层级之间信息互联共享、深度整合，打破“信息孤岛”。另一方面，地方相关部门、自贸试验区及其片区也要加强协调和对接，必要时可由主要负责同志兼任管委会主任，增强协调力。

（四）加快补上配套短板。针对法律冲突问题，建议对各自贸试验区改革创新涉及的法律法规定期进行梳理，及时做好立改废释工作，并针对新设自贸试验区抓紧制定条例，为改革提供法律依据。研究在内陆自贸试验区增设海关特殊监管区，或给予相应支持政策，为推进贸易便利化等制度创新提供必要条件。此外，建议加强对创新政策的宣传推广和解读，以便更多群众和企业了解和应用。

# 三、努力破解中小微企业融资难题

# 多措并举遏制中小微企业融资难融资贵“反弹”势头

## ——中小微企业融资情况调研综合报告

宋立　欧阳进　包益红　马志刚　王元

党中央、国务院高度重视中小微企业融资难融资贵问题，近年来相继出台了一系列政策措施，收到明显成效。但2018年上半年，受多种因素影响，金融机构资金面趋紧，中小微企业融资难融资贵问题又有抬头，在一些地区甚至出现加重势头。

### 一、中小微企业融资难融资贵抬头的主要表现

——新申请贷款获批难，已有贷款出现压贷、抽贷等现象。从管理部门的统计报表看，2018 年 2 月末小微企业贷款增速比上年同期回落 1.7 个百分点，比各项贷款增速回落幅度多降 1.5 个百分点；2018 年 1—2 月小微企业贷款同比少增 923 亿元，增加额占企业贷款增加额的比重比上年同期低 1.4 个百分点。从调研所了解的情况看，小微企业融资的实际困难比面上统计数据更

为严重。如中部某市2月末小微企业贷款余额增长9.9%，比上年同期大幅回落了17.1个百分点，辖内多家银行小微企业贷款余额不增反降；东北某市多家银行小微企业贷款余额大幅下降，某股份制银行2月末同比下降44.6%。

小微企业融资难呈现一些新特征。一是新申请贷款获批困难。金融机构受资金面紧张影响，优先保障信用好的大中型企业续贷，小微企业普遍感觉审贷要求苛刻。中部某市一些企业反映，2018年上半年新的贷款项目基本上一个都没有。东北某市部分银行原则上不发放新项目贷款。二是银行压贷、断贷、抽贷现象普遍，续贷较为困难。如中部某市小微企业普遍反映，银行对存量贷款能收则收，能不续贷就不续贷。有的地方在企业已有授信额度内也存在贷款压减问题，如沿海某市某外贸企业在授信额度内申请800万元贷款，但银行只批了200万元。银行抵押担保更加苛刻，对土地、房产等强抵押物，估价时先被评估机构“砍一刀”，抵押时再被银行打六七折，有的机械设备甚至打一折。三是有些地区的银行为了防范化解金融风险，对小微企业“一刀切”式地停贷。在一些地区特别是经济转型困难、下行压力较大、发生过金融风险事件的地区，金融机构往往压缩贷款规模、上收审批权限，对小微企业拒贷停贷。

——贷款利率、中间环节收费和“过桥”成本都有不同程度上升。具体表现为：一是贷款利率普遍上浮。2018年一季度不少金融机构在市场利率中枢上升推动下，上调了贷款利率。如沿海某市2017年上半年小微企业抵押贷款利率为基准利率上浮10%左右，而2017年底以来大多上浮30%。东北某市小微企业贷款利率上浮范围大多在30%以上。二是续贷期间“过桥”融资成本高。由于金融机构无还本续贷政策落实不好，一些小微企业不得不选择利率较高的民间借贷等进行短期“过桥”融资。如沿海某市一家企业办理续贷期间，10 天内为 100 万元的过桥资金支付利息 4.44 万元，折合年利率超过 160%。三是贷款中介服务收费较高。目前中介服务收费主要包括担保费、评估费、保险费、抵质押费、公证费等。据原银监会抽样调查，中间环节收费占小微企业融资综合成本的 14%—17%。西部某地小微企业融资综合成本中，第三方收取的各种费用占 45%。人民银行对东北某省的调查显示，各类中介费用占中小微企业融资成本的比重达 44.7%。这些收费表面上是市场化行为，但据企业反映，有些中介机构是银行或其工作人员暗中指定的。四是非银行渠道融资成本高。由于贷款难，一些小微企业不得不从小额贷款公司、民间借贷等渠道进行借款，需要支付高额利息。如沿海某市的一家小额贷款公司年利率为 15%—16%，民间借贷利率大多超过 20%。西部某地民间借贷利率在 30%—40% 之间。

## 二、中小微企业融资难融资贵抬头的主要原因

中小微企业融资难融资贵问题近期有所反复，原因是多方面的。

一是资金面紧张对小微企业融资的制约进一步显现。2018 年 2 月末 $M_2$ 同比增长 8.8%，处于历史低位，致使市场利率中枢有所上升。2018 年 2 月末一年期银行间市场同业拆借利率为 4.74%，比上年同期高 0.69 个百分点；质押式回购加权平均利率为 2.87%，比上年同期高 0.26 个百分点；2 月份 AA 级企业债发行利率 7.4%，比上年同期高 0.8 个百分点。这些都反映了资金面趋紧。在此背景下，银行信贷投放普遍趋紧，2 月末各项贷款余额增速比上年同期回落 0.2 个百分点，小微企业贷款难度随之加大。

二是大中型企业对小微企业融资存在挤出效应。目前债券市场前景不甚乐观，大中型企业回归信贷市场，也挤占了小微企业信贷资源。

三是监管措施集中出台也有一定影响。为防风险、去杠杆，加强金融监管是必须的。但监管措施的集中出台，客观上加大了信贷资源的紧张程度。如加强宏观审慎评估（MPA），在一定程度上压减了金融机构业务规模；加强金融监管、整顿规范表外业务，使原本通过资管等表外渠道获取融资的企业回归表内，挤占了小微企业的部分信贷资源。

调研中，各方面普遍认为，上述这些因素在未来一段时间仍将存在，一些新的因素也有可能出现，如不进一步采取有效举措，中小微企业融资难融资贵的问题可能进一步加剧。

## 三、缓解中小微企业融资难融资贵的政策建议

当前，经济发展的国内外环境仍然十分复杂，不确定不稳定因素多，市场预期不稳，都会对中小微企业生产经营带来不利影响。在这种情况下，缓解融资难融资贵问题尤为重要和紧迫。

第一，保持市场利率基本稳定，从源头上缓解融资成本上升压力。我国市场利率高于美国，外汇储备增加，有利于保持市场利率基本稳定。建议以中期借贷便利（MLF）存量置换存款准备金，这可以在不扩大货币投放的情况下，从源头上普遍降低资金成本。继续用好定向降准手段，增加中间档次，为金融机构提供低成本资金。同时加大抵押补充贷款（PSL）、中期借贷便利（MLF）定向投放，扩大银行发放小微企业贷款的低成本资金来源。

第二，把握好防风险、去杠杆、强监管的力度和节奏。去杠杆、强监管是打好防范化解重大风险攻坚战的重要任务，要坚定不移

向前推进，同时也应注意精准施策。坚持以结构性去杠杆，防止具体操作中引发普遍性紧缩。建议：统筹监管措施出台顺序和时机，防止监管措施叠加共振对金融市场，特别是小微企业融资产生大的影响。金融机构应处理好“面”上防范风险和“点”上支持企业的关系，对信誉好、有市场的企业，要强化资金支持；对前景好、暂时有困难的企业，不断贷、不抽贷；有些企业即使有困难但有好业务、好项目，可以采取“封闭贷款”的做法给予定向支持。对地方融资平台投资的在建项目，地方政府应加大地方专项债券所筹资金的投入力度，保证项目不断资。

第三，落实和完善支持服务小微企业融资的差别化政策。对“三个不低于”、普惠金融、提高不良贷款容忍度、尽职免责等支持小微企业融资的政策，进行系统梳理，强化督促检查，确保逐条落实到位。财政、央行等对小微企业贷款优惠政策的标准不一，建议聚焦单户授信 500 万元以下的微型企业，将免征小微企业贷款利息收入增值税的范围调整到单户授信 500 万元以下的贷款。同时，完善中小微企业划分标准，把小微企业金融服务纳入银行业绩考核，调动金融机构及业务人员积极性；对小微企业不良贷款的核销，实行税前抵扣优惠。

第四，清理整顿融资中介服务和收费。小微企业向银行融资，中介服务是必要的，但必须按市场化、商业化原则提供服务。银行贷款利息之外的中介服务费用过高，是多年顽疾，其中有许多不合理收费，通过清理整顿，降低中介服务费用潜力很大。建议对融资中介服务进行专项整治，取缔违规行为，打击违法行为，使小微企业融资中介服务费用有较大幅度降低。

第五，鼓励服务中小微企业的金融业务创新。支持投贷联动试点银行设立投资机构，使他们尽快开展相关业务，同时扩大投贷联动试点范围。支持金融机构运用互联网、大数据等技术，大力研发适合小微企业的各类金融产品，在防控风险前提下加大无还本续贷产品的创新和推介力度。引导金融机构改进服务，优化内部流程，完善考核机制，提高服务效率。

第六，健全中小微企业金融服务支撑体系。信用信息缺乏是影响中小微企业融资的重要因素，建议整合工商、税务、房产、社保、司法等相关职能部门的涉企信息，搭建共享信息平台，为金融机构提供“一站式”信息服务。担保和风险补偿是增信机制的重要组成部分，建议完善国家普惠金融发展专项资金相关政策，抓紧启用国家融资担保基金，与地方政府性融资担保机构形成合力；支持地方设立各类风险补偿基金，与商业银行形成风险分担机制。对土地等抵押物变现实行税收优惠，加快发展专利等无形资产交易平台，使抵质押物便捷变现，助力中小微企业融资。

# 全国面上中小微企业融资情况

## ——中小微企业融资情况调研分报告之一

宋立　王元　吕峰

近期，我们分别与人民银行、银保监会和在京金融机构普惠金融部门负责人进行了座谈，并到部分银行进行了调研。有关情况如下。

## 一、中小微企业融资难融资贵有所抬头

2017 年下半年以来，受多种因素影响，金融机构资金面趋紧，各项贷款和企业贷款增速双双回落，小微企业贷款增速随之下降，融资成本趋于上升，近年来本已有所缓解的中小微企业融资难融资贵问题又有加重。

小微企业贷款增速明显下降，新增贷款同比明显少增。2018 年 2 月末，小微企业贷款增速 15.6%，比上年同期回落 1.7 个百分点，比各项贷款增速回落幅度多降 1.5 个百分点；小微企业贷款余额 24.9 万亿元，占企业贷款余额比重为 32.8%，比上年末下降 0.2 个百分点。1—2 月，小微企业贷款新增 6147 亿元，同比少增 923

亿元，增加额占企业贷款增加额的23.9%，比上年同期低1.4个百分点。2月末，有的大型银行小微企业贷款余额较上年末没有增长，有的股份制银行小微企业贷款增速低于全部贷款增速，有的股份制银行小微企业贷款增速略低于上年同期。

小微企业综合融资成本趋于上升，中间环节收费和非银行融资成本上升尤为明显。企业综合融资成本包括银行利息、中介机构收费等。受大型银行小微企业贷款执行优惠利率的“锚定”作用影响，小微企业贷款平均利率总体稳定。但在市场利率中枢上升推动下，2018年以来各项贷款、企业贷款利率有所上升，均比上年末提高0.01个百分点，也带动了小微企业非银行融资成本上升。与贷款相关的中介机构服务项目较多、收费偏高，主要包括担保费、评估费、保险费、抵质押费、公证费等。据有关部门抽样调查，中间环节收费占小微企业融资综合成本14%—17%。此外，还存在续贷不及时造成企业不得不负担较高“过桥”融资成本的问题。

## 二、多种因素致使中小微企业融资难融资贵抬头

中小微企业融资难融资贵近期有所反复，原因是多方面的。一是货币供应量和信贷投放回落。2018年2月末，$M_2$同比增长8.8%，比上年同期回落1.6个百分点，处于历史低位；各项贷款余额增长12.8%，比上年同期回落0.2个百分点。小微企业贷款随之“水落船低”。二是大中型企业挤占信贷资源。债券市场违约增加、利率上行，致使大中型企业回归信贷市场；整顿规范金融机构表外业务，致使大中型企业表外融资转回表内贷款，挤占了小微企业信贷额度。三是金融机构不良贷款风险上升，引发对小微企业的慎贷情绪。2018年2月末，小微企业贷款不良率2.77%，比上年末高0.03个百分点。四是加息预期致使银行信贷投放延后。一

些银行预期我国将随美联储加息而加息，有意控制信贷投放节奏，使得小微企业贷款受到一定影响。

调研中各方面反映，如果不出台新的政策举措，小微企业融资难融资贵有可能延续，甚至进一步加剧。一是新监管措施集中出台可能加大资金面紧张程度。加强监管、规范金融机构业务是去杠杆、防风险的必然要求，但客观上促使表外业务转回表内的势头进一步持续，挤压小微企业信贷资源的现象还将存在。二是大中型企业直接融资向银行贷款回归现象仍将持续。市场人士预计，2018 年债市情况比较复杂，平台债或将出现违约，加上利率上升，债券市场前景不太乐观；一些大中型企业必然由直接融资转向间接融资，从而挤占小微企业信贷资源。三是地方基建项目的挤出效应可能有所加大。固定资产投资偏弱，2018 年 1—2 月同比增长 7.9%，比上年同期回落 1 个百分点，促进有效投资对稳增长意义重大。基建项目融资可能对小微企业融资产生挤出效应。

## 三、缓解中小微企业融资难融资贵的政策建议

缓解中小微企业融资难融资贵问题，应在落实好已有政策措施的基础上，研究出台新的举措，进一步加大对中小微企业融资的支持力度。

（一）处理好量与价的关系，着力缓解融资难问题。小微企业融资难和融资贵相互关联，资金供不应求、融资难，必然导致融资成本上升。从实际情况看，大量小微企业因为融资难而面临经营困难，不少企业不惜高息从民间借贷，说明缓解融资难比缓解融资贵更为迫切。建议把着力点放在缓解融资难问题上，首先在源头上保证货币信贷规模合理充裕，同时调动银行对小微企业融资的积极性。

（二）统一扶持小微企业的政策标准。政策扶持对象的精准，是政策精准发力的基础。从实际情况看，对小微企业融资支持的有关政策标准需要调整和完善。现在中小微企业是按人数、营业收入等划分的，一些资产、负债规模巨大的企业被纳入小微企业范围，应明确将这些企业排除在外。对小微企业的支持，应聚焦先进制造业、现代服务业、科创企业和创新创业主体等。在企业规模上，也应突出重点，建议按照“扶微助小”原则，对小微企业授信分为500万元以下、500万—1000万元两个标准，加大对500万元以下授信企业的扶持力度。同时，将免征金融机构利息收入增值税的范围，从单户授信100万元以下小微企业贷款扩大到500万元以下小微企业贷款。

（三）出台新的小微企业融资差别化政策。这有利于银行增加发放小微企业贷款的盈利、降低风险损失，从而提高银行发放小微企业贷款的意愿。建议：在宏观审慎评估（MPA）中设定差别化指标权重，放宽对小微企业贷款的规模限制；对小微企业不良贷款核销，实行税前扣除的优惠政策；将小微企业贷款纳入对大型银行的业绩考核。

（四）适当拓展金融机构服务小微企业的低成本资金来源。这既有利于缓解融资难问题，也可以从源头上缓解融资贵问题。一是以中期借贷便利（MLF）存量置换存款准备金。这样可以在不扩大货币投放的情况下普遍降低银行资金成本。二是调整定向降准的有关标准。目前定向降准有两个档次：普惠金融业务占比达到1.5%的，存款准备金率下调0.5个百分点；达到10%的，下调1个百分点。大部分银行普惠金融业务占比很难达到10%，往往在达到1.5%后就不再努力了。建议增加普惠金融业务占比5%这一档，同时加大三个档次的准备金率下调幅度。三是加大定向补充流动性力度。在补充抵押贷款（PSL）中，增加支持小微企业这一类型。将支农支小再贷款范围，由小型银行扩大到大中型银行。对小微企业贷款达到一定比例的银行，适当扩大中期借贷便利（MLF）抵押品范围。

（五）鼓励服务小微企业的金融业务创新。建议支持投贷联动试点银行设立投资机构，使他们尽快开展相关业务，同时扩大投贷联动试点范围。鉴于开发银行和进出口银行缺少基层机构，目前开展小微企业贷款业务只能以“转贷款”方式，委托其他机构具体操作，建议在这方面给予政策支持。

# 宁波市中小微企业融资情况

## ——中小微企业融资情况调研分报告之二

包益红　黄涛　刘若霞

近期，我们到浙江省宁波市对中小微企业融资情况进行了调研。现将有关情况报告如下。

### 一、中小微企业融资难融资贵仍较突出

宁波市共有中小微企业约86万家，创造了当地80%的税收、76%的地区生产总值、92%的发明专利和80%的就业岗位。近年来，宁波市以建设普惠金融示范区为统领，探索构建全面覆盖、重点渗透的中小微企业金融服务体系，企业融资渠道逐步拓宽。但总体看，融资难融资贵问题尚未得到有效解决，2017年下半年以来困难还有所加大。

——贷款增速放缓。银行“三个不低于”指标完成情况不够理想，2017年小微企业贷款增长5.7%，低于各项贷款增速1.2个百分点。2018年1—2月，一些大型银行、区域性股份制银行小微企业贷款增速仍低于各项贷款增速。我们问卷调查了21家企业，62%的企业反映融资比上年困难。

——“压贷”情况频现。企业反映，不仅新申请贷款得不到满足，原有授信额度也很难保证。接受问卷调查的21家企业，经营状况都比较好，但仍有5家企业被“压贷”。某贸易公司在授信额度内申请800万元贷款，但银行只批了200万元。当地一家化工企业2017年贷款到期续贷时被压减250万元，2018年又减少了250万元。

——抵押担保更加苛刻。银行审批加严，土地、房产等强抵押物，估价时先被评估机构“砍一刀”，抵押时再被银行打六七折，有的机械设备甚至打一折。受前几年当地企业担保链断裂的影响，现在担保公司为规避风险，也提出强抵押物要求。相比强抵押物，知识产权、应收账款等质押贷款更是难上加难。一家本地高科技公司中标地铁合同能源管理项目，以专利技术质押申请流动资金贷款屡被银行拒绝。

——融资成本攀升。48%的问卷调查企业反映，融资成本明显上升。银行抵押贷款利率2017年同期是基准利率上浮10%左右，2018年以来一般上浮30%左右。中小企业公共服务平台反映，银行信用贷款比重低、额度小、利率高，年利率在12%左右。许多企业在银行贷不到款，不得不转向民间借贷，年化利率高达18%—25%。

——信贷统计存在失真之处。现有中小微企业按人数、营业收入等划分，地方政府融资平台等因为员工人数较少，也被纳入中小微企业范围。如，某大型银行宁波分行授信余额前五位的中小企业客户都是地方政府融资平台，这5家企业贷款额约占该行全部中小微企业贷款额的25%。

## 二、中小微企业融资难融资贵的主要原因

调研中大家反映，当前中小微企业融资难融资贵问题有所加重，主要与三方面因素密切相关。

一是金融政策环境。2018 年广义货币 $M_2$ 和社会融资规模增速没有明确的量化指标，一些银行获批的信贷额度没有增加，向中小微企业放贷基本上是维持存量、控制增量。某区域性股份制银行 2018 年一季度获批的“合意贷款”额度仅 20 亿元，与上年同期持平。2017 年下半年以来，有关部门出台了一系列监管新规，一些大企业的表外融资转向表内融资，从而挤压了中小微企业贷款额度。

二是监管考核制度。由于尽职免责考核制度不健全、落实不到位，银行从业人员对中小微企业放贷异常谨慎。最近一段时间，这种情况更加突出。有银行员工反映，如果对民营企业放贷出现不良贷款或损失，信贷员将会受到行政处罚，几次出现不良贷款，职业生涯就会受到影响；不良贷款达到 500 万元，二级支行负责人就要被撤换。他们还反映，对国有企业放贷出现不良贷款，一般不受处罚或处罚相对较轻。

三是银企信息不对称。一方面，银行难以充分掌握中小微企业信用情况、经营状况、还贷能力等信息，加大了信贷审核的困难；银行对知识产权、项目收益权等新型抵押品心里没底，不愿接受。另一方面，中小微企业对金融机构的产品和服务也不完全了解。如，不少企业对“应急贷”“连连贷”等无还本续贷产品并不熟悉，而是使用成本高昂的“过桥贷”。

## 三、缓解中小微企业融资难融资贵的政策建议

综合当地政府部门、金融机构和企业的看法，我们建议：

第一，完善差异化政策支持。近年来，国家在监管考核、不良贷款核销、财税支持等方面，出台了一系列鼓励金融机构加大对中小微企业融资支持力度的政策措施，但目前还没有完全落实到位。建议对这些政策进行系统梳理，打通堵点，逐条落实。地方性银行是服务中小微企业的重要力量，经营中遇到的突出问题是缺乏稳定、低成本的资金来源。建议对中小微企业贷款占比较高的这类银行“开小灶”，适度扩大专项金融债发行额度，同时为其吸纳财政性存款创造便利条件。

第二，创新融资增信方式。融资增信是提高中小微企业贷款可获得性的有效途径。这方面，政府性融资担保机构可以发挥重要作用。近期国务院决定设立国家融资担保基金，建议抓紧设立、尽早运作，发挥其“引子”作用，带动地方发展更多的政府性融资担保机构。鉴于目前无形资产质押比例低、困难大，有必要支持地方搭建技术、品牌、商誉等无形资产评估、流转和处置平台，拓宽企业融资抵质押范围。调研中，我们感到宁波市的一些做法值得借鉴。如，依据纳税记录，对信用好的企业提供免抵押的贷款；对企业看“三品三表”（人品、产品、抵押品，水表、电表、海关报表），开展道义担保贷款。

第三，提升金融服务水平。座谈中，大家提出了一些值得探索的措施，主要是：完善考核评价体系，提高金融机构中小微业务的考核权重；建立中小微企业对金融机构抵质押、综合费率、放款速度等评价体系，倒逼金融机构改进服务；推进金融机构发展“互联网 +”，简化申贷手续和流程，推行企业融资“最多跑一次”“一网通办”。同时，完善统计监测制度，修订中小微企业划分标准，将地方政府融资平台等从统计中剔除。督促金融机构加大产品宣介力度，使更多企业享受到惠企政策。

# 蚌埠市中小微企业融资情况

## ——中小微企业融资情况调研分报告之三

欧阳进　邓林　马波

近期，我们到安徽省蚌埠市对中小微企业融资情况进行了调研。现将有关情况报告如下。

## 一、近来蚌埠中小微企业融资面临的突出问题

在安徽的地级市中，蚌埠近年来经济形势相对较好，地区生产总值增速连续 6 个季度高于全省平均水平，2017 年第 4 季度排名全省第 2，全年经济增长 9.1%；通过健全普惠金融服务体系，创新普惠金融产品和服务手段，蚌埠中小微企业金融服务的覆盖率、可获性和满意度在全省也相对较好。但调研中我们感到，当前中小微企业融资面临一些突出问题，主要是贷款难有所加深，银行不良贷款增多。

第一，贷款余额增速大幅回落，个别银行甚至出现负增长。从面上数据看，2017 年末蚌埠小微企业贷款余额为 454.7 亿元，同比增长 10.57%，增速比上年同期回落 28.05 个百分点；2018 年 2

月末小微企业贷款余额增速进一步放缓到 9.9%，同比回落 17.13 个百分点。从有关银行的报表看，问题更加严峻。某大型银行蚌埠分行 2018 年 2 月末小微企业贷款余额 9.64 亿元，较年初减少 6698 万元，同比下降 6.51%，而 2015 年末这家银行小微企业贷款增速一度达到 38.78%。另一大型银行蚌埠分行 2018 年 2 月末小微企业贷款余额较年初减少 5497 万元，同比下降 2.32%。某区域性股份制银行蚌埠分行 2017 年末小微企业贷款余额占全市的 21.93%，是一个大头，但 2018 年 2 月末小微企业贷款余额比年初减少 3.3 亿元，同比下降 3.3%。

调研中还发现两个情况：一是针对小微企业贷款的“三个不低于”监管指标，虽然各家银行都表示完成较好，但实际情况有出入。比如，某区域性股份制银行蚌埠分行中小微企业授信余额最大的五户企业，全部是政府融资平台，授信总额超过 24 亿元，剔除这类企业的贷款，“三个不低于”的完成情况大打折扣。二是申贷获得率，在各家银行的报表上一般都在 90% 以上，有的甚至达到 100%。但有银行负责人透露，这一指标的分母只包括已通过初审的企业，不达标的企业早被剔除。不少企业反映，贷款申请通过审核的比例很低，有一半左右就不错了。

第二，对小微企业贷款的条件更加苛刻。各方面都反映，金融监管和贷款质量的要求更趋严格。企业普遍感觉 2018 年贷款可获性较往年更差，有的甚至说，银行对存量贷款能收则收，抓住企业一个不好看的指标，能不续贷就不续贷；新的贷款基本上一个都不发放。当地一家在新三板挂牌、有很好市场前景的汽车配件企业，2017 年净利润 7932.6 万元、净资产收益率 8.96%，2018 年归还 6000 万元流动资金贷款后，银行承诺的续贷却迟迟没有兑现。2017 年新建一条流水线，投资 1.5 亿元，银行要求资本金需达到50%（2015年国务院调整资本金比例，只有钢铁、电解铝等产能过剩行业项目资本金比例才要求30%—40%）。这个项目所需的4000万元流动资金，银行也不给贷款。

值得重视的是，2018年以来出现两个特殊问题。一是对地方融资平台“一刀切”的政策间接影响中小微企业融资。有关规范地方债务和地方融资平台的文件下发后，银行对地方政府融资平台基本上不再放贷，融资平台投资的一些在建项目很难推进，承接相关业务的小微企业有的贷款本已通过审核，现在银行也停止发放。二是个别金融风险事件对中小微企业融资造成大面积影响。蚌埠一家担保公司因经营不善丧失担保能力，局部融资体系遭受破坏，对小微企业贷款造成较大冲击。“e租宝”是安徽一家企业的全资子公司，“e租宝”事件发生后，大批安徽企业受此案影响中断了正常的贷款业务。

第三，不良贷款风险上升。从整体看，2017年末蚌埠小微企业不良贷款余额29.76亿元，不良率为6.54%，较上年同期增加4.4个百分点；2018年2月末，小微企业不良贷款余额进一步增加到32.46亿元，不良率为6.93%，较上年同期增加4.35个百分点。从个体看，小微企业贷款比重大的银行不良贷款新增更快。比如某区域性股份制银行蚌埠分行，2017年末小微企业贷款不良率为6.77%，2018年2月末为6.71%；如果用中小微企业贷款的口径，不良率达到9.96%。在有些银行的报表上不良率低一点，但这是经过处理后的数据。某大型银行蚌埠分行负责人讲，报表里小企业贷款不良率为5.35%，如果加上上一年底剥离的1.5亿元不良贷款，实际不良率接近9%—10%。几乎所有的金融机构都认为，2018年不良贷款还将进一步暴露，处置压力很大。

不良贷款不仅带来大的风险隐患，而且严重侵蚀银行利润。

某区域性股份制银行蚌埠分行2017年中小微企业贷款收益是3.18亿元，而损失却高达5.31亿元，贷款净利润为负。一些银行因不良贷款上升，审贷权限被上收。如，某大型银行蚌埠分行原来可以审核1000万元以下的贷款项目，现在权限被调整到500万元以下。

## 二、缓解中小微企业融资难、防范不良贷款增多的政策建议

从蚌埠的实际情况看，既要缓解中小微企业融资难题，保障企业生产经营和地区经济增长，又要提高贷款质量，防范不良贷款增多。建议采取以下针对性措施：

一是打破不利于贷款可获性的“信息孤岛”。疏畅银行与企业之间的信息沟通渠道，有利于银行更好掌握企业经营状况，提升审贷、放贷进度，也有利于银行掌控风险，减少不良贷款。建议政府有关部门对银行开放更多涉企信息，积极搭建信息共享平台。支持银行开展评审人员业务培训，扩大他们对有关行业、产业的知识面。引导银行主动向中小微企业解读评审流程和标准，推介合适的融资工具。

二是提高贷款评审的透明度和适应性。这既有利于企业做好贷款前期准备工作，也有利于强化社会监督、提高银行贷款质量。各银行蚌埠分行都反映，目前企业申请贷款能不能审核通过，不由基层银行掌控，总行设置了既定的风险定价模型，输入企业生产经营的各项指标，审核结果就已定了。鉴于小微企业贷款具有一定公益性，有必要督促银行以适当方式提高小微企业贷款评审透明度，并赋予基层银行有关参数调整的一定自由度，以更好反映地方经济的资源禀赋、竞争优势和发展方向。

三是支持地方完善担保代偿损失风险分担机制。小微企业缺乏有效的抵质押物，是贷款可获性低的重要原因，而担保可以起到“一手托两家”的增信作用，也是不良贷款的“最后防线”。安徽省对市级担保公司代偿损失，实行“4321”分担机制：市县级担保机构承担 40% 的损失，省担保集团承担 30%，银行分担 20%，市县财政承担 10%。国家设立了普惠金融发展专项资金，建议进一步完善相关政策，与银行小微企业贷款占比挂钩，鼓励地方推广和完善担保代偿损失风险分担机制。同时，对代偿损失，实行税前扣除的优惠政策。

四是对抵质押物变现予以支持。抵质押物便捷变现，能使银行和担保机构最大限度地减少不良贷款损失，也能提升担保能力，释放更多信贷资源，更好缓解贷款难问题。过去几年蚌埠市大力推广知识产权质押融资模式，但企业专利权在当地基本上无法交易，继续推进难度很大。建议加快发展专利推介和交易平台，让知识产权的价值活起来。银行和担保公司反映，土地等抵押物变现过程中税赋过重，建议适当予以减免。

# 四、促进共享经济健康发展

# 共享单车优胜劣汰的启示及建议

## ——促进共享经济发展调研报告之一

马志刚　张凯竣　王敏瑶　王晓丹

作为共享经济的典型代表和备受欢迎的短途出行方式，共享单车在短短几年间经历了从蓬勃兴起，到快速成长再到逐步规范的优胜劣汰发展历程，展现出与传统产业很不相同的发展方式、路径和特点，对正确处理政府和市场关系、完善政府治理提出了不少新课题。认真总结和深入研究共享单车发展过程，完善相关政策措施，对于促进共享经济等新兴产业持续健康发展、培育壮大新动能、应对经济下行压力，具有重要意义。

### 一、共享单车经历了快速发展和调整优化过程

共享单车发展大体可分为三个阶段：第一阶段，创新产品和服务进入市场。2015 年 6 月共享单车模式在大学校园诞生，2016 年 4 月出现了首家面向社会运营服务的单车企业，单车产品专门为共享使用设计。由于其具有扫码开锁、无桩还车等便捷功能，迅速受到消费者欢迎。第二阶段，投资大规模跟进。共享单车因

其良好的发展前景，受到了风险投资的青睐，短短3年时间全行业累计融资超过600亿元。在资本强力推动下，共享单车企业数量迅速增加，最多时达到70余家，仅在北京就有30余家。企业纷纷采取大量投放单车、价格战、红包战等方式争夺用户、抢占市场，行业发展呈现较热迹象。第三阶段，优胜劣汰加速、行业趋于规范。资本向头部企业集中，市场集中度显著提高。从2017年下半年开始，先后有20余家企业倒闭或者停止运营，目前3家头部企业占据了90%以上的市场份额，市场竞争格局日趋明朗。企业由粗放扩张开始转向精细化服务运营，由价格战转向正常定价，行业自律不断提升，前期出现的停放秩序混乱等问题逐步解决，用户保险等相关制度不断完善，共享单车在优胜劣汰中逐步走向良性循环。

在共享单车发展过程中，虽自始至终都伴随着争议与质疑，但其带来的巨大正面效应是显而易见的。与传统个人购买的自行车相比，共享单车的便利度和使用率更高，日均骑行达到2.5次，“共享单车+公共交通”已成为越来越多人的最佳出行组合，有效解决了城市出行“最后一公里”问题，在缓解拥堵、节能减排方面发挥了积极作用。一些城市过去屡禁不绝的“黑摩的”基本绝迹。据测算，2017年共享单车为群众节约7.6亿小时的出行时间、节省160多亿元拥堵成本。共享单车还催生了新的产业和新的消费，让本已处于“夕阳期”的自行车制造行业重新焕发生机。

毋庸置疑，共享单车在快速发展中也出现了一些问题。比如，使用秩序较乱，车辆随意停放、故意毁坏等现象频发，有的大城市车多为患，一些废弃或无序停放单车被强制清理。又如，押金使用缺乏有效监管，有的企业出现退款难问题，暴露出较大金融风险。这些问题，有的是共享单车行业发展过程中的阶段性问题，属于“成长的烦恼”；有的是各行业甚至全社会的共性问题，但在互联网条件下被叠加，同时又被共享单车的“聚光灯效应”所放大。目前共享单车行业仍处于快速发展变化之中，很多新情况新问题还可能不断出现，要用辩证动态的眼光来客观看待、理性分析。

## 二、共享单车发展带来的重要启示

传统行业的发展大致要经历初创期、成长期、成熟期、衰退期 4 个阶段，一般需要十几年甚至几十年的时间，而共享单车仅用 3 年便进入了从成长期到成熟期的拐点，浓缩了产业发展过程，给共享经济等新兴产业发展提供了难得的经验和启示。

第一，共享单车快速发展是市场在资源配置中起决定性作用的结果，这启示我们在共享经济等新兴产业发展中，要尊重市场规律、充分发挥市场作用、进一步激发市场内在活力。从第一家企业发掘互联网租赁自行车的商业机会，到众多企业在短时间内的进入和退出，共享单车行业“无中生有”、快速发展，是市场主体自主推动的结果，是需求导向、市场选择的结果，符合市场竞争的一般规律。有人认为，共享单车累计投放 3000 多万辆，有不少是闲置的，造成了很大的资源浪费。其实，在市场经济条件下的产业发展过程中，一定程度的供给过剩是不可避免的，这也是实现优胜劣汰的必要条件。共享单车因其“共享”特点，有必要保持适度的、局部的供大于求，不可能做到在任何空间和时间上的人车完全精准匹配，当然少量区域出现的大批单车长时间闲置也需要采取措施加以解决。还要看到，在共享单车出现之前，个人自行车多数骑行率很低，而且大量废弃的自行车占用了校园、居民小区、住宅楼地下室等公共空间。还有人认为，共享单车投资巨大，至今还没有一家企业实现盈利，那些对倒闭或者停止运营企业的投资无法收回，蕴藏着很大的风险。其实，风险投资、天使投资都是按照商业逻辑作出的市场行为，一些项目有损失甚至失败是这类投资的常态，有几个项目成功就能取得丰厚的回报。很多新兴产业发展都有这个特点。

对政府来讲，要看到市场有内在调节和自律机制，发展新兴产业、促进经济持续健康发展，根本上还要靠市场的力量，尊重市场、尊重企业，维护好公平竞争的市场秩序，提供优良公共服务，不能总认为自己比市场主体高明，动辄越俎代庖、用行政权力干预市场。这些年很多新产业、新业态、新模式的发展壮大，是政府部门当初想不到的，也是规划不出来的。要充分发挥市场的力量和作用，市场和社会组织能有效提供的公共产品和服务，原则上由市场来提供，政府可以通过完善财税政策、配套设施等方式予以支持；即使是政府购买服务，也要按照公开公平公正原则，通过竞争择优选择承接服务的企业或组织，为新兴产业发展创造更大空间。

第二，共享单车快速发展得益于政府包容审慎监管，这启示我们要坚定不移深化“放管服”改革，以鼓励创新为导向，不断探索和完善市场监管方式，为共享经济等新兴产业持续健康发展留下必要的空间。共享单车作为新的产业模式，几乎一夜之间就占据城市大街小巷，给政府管理带来了较大冲击。发展初期，虽然各地政府普遍在“管”与“不管”问题上态度纠结，但除少数城市外，全国大多数地方出于包容审慎的考虑普遍对其持开放态度，为其营造了宽松的发展环境。尽管调研中有企业和专家对相关政策出台的时机、个别政策的合理性等存在争议，认为部分城市限制投放总量、要求配备服务网点和运维人员等规定过于苛刻，但从总体上看，有关部门和地方做到了宽严相济，既促进了新兴产业快速成长，也有效应对了市场失灵带来的负面影响，促进了行业健康规范有序发展。有共享单车企业负责人讲，企业也不想打价格战，但靠市场自身是很难停下来的，政府的适时介入不是给市场竞争“踩刹车”，而是为市场失灵安上了“制动”，这正是企业所希望的。

我们调研的企业一致认为，这些年我国对新生事物的包容态度，是共享单车发展起来的基本前提。而世界上许多国家或地区却不行，多数都要提前报备，单车落地少则耗时3个月、多则1年，有的设有各种门槛甚至拒绝开展这项业务。比如，日本法律明确禁止自行车停放在公共区域，美国一些城市采用限量发放牌照的方式控制企业准入数量。新技术、新产业、新业态、新模式的发展未知大于已知，在很多方面超出了人们现有的想象。在共享经济等新兴产业发展过程中，应宽设准入、缓下结论，鼓励创新、顺势而为，提高容忍度，给予足够的成长空间，不要一开始就指望其能规范发展，也不能因为其存在一定的争议或风险就一禁了之。当然，对那些潜在风险很大、有可能造成严重不良社会后果的，要及早发现问题、果断采取措施；对有些以创新之名行侵权欺诈之实的，要予以严惩。政府有关部门应加强对共享经济等新兴产业发展态势的跟踪研判，及时掌握新情况新问题，有针对性加强引导。

第三，共享单车是“双创”和“互联网+”蓬勃发展的重要产物，这启示我们要着力营造良好的创业创新生态环境，把“双创”引向深入，更大程度激发社会创造力。这些年我国大力推进“大众创业、万众创新”，为创业创新提供了便利、搭建了平台，激发了越来越多青年人的创业创新潜能。共享单车就是在这一时代背景下应运而生的，行业内最早的两家领军企业都是青年人自主创业，初始资金或来源于“双创”平台支持，或来源于其他创业者的投入。近年来，我国先后实施了“互联网+”行动、大数据战略等重大举措，不断加强信息基础设施建设，持续推进网络提速降费，这为共享单车等一系列基于互联网的创新成果转化提供了土壤，创造了良好的应用环境。

我国有9亿多劳动力，有1.7亿多受过高等教育或具有专业技能，每年大中专毕业生1300多万。这是我国最为重要的创新资源和发展优势，也是我们应对国内外各种挑战、保持经济持续健康发展的“王牌”。要进一步把“双创”引向深入，持续优化营商环境，加快布局5G网络等新一代信息基础设施，强化信息资源深度整合，在更大范围拓展“互联网+”，提高服务水平，让全社会的创业创新潜力不断释放、创业创新活力竞相迸发、创业创新源泉充分涌流，凝聚起强大的内生发展动力。

## 三、培育壮大共享经济等新兴产业的几点建议

当前，我国发展面临复杂严峻的外部环境，国内经济运行面临新的下行压力。共享经济具有巨大的发展活力和潜力，只要加大政策引导和鼓励力度，可以在短期内形成新的经济增长点。

一是建议以国务院名义制定出台发展共享经济的指导性文件。目前，指导共享经济发展的政策措施主要以行业性、地方性、部门性文件为主，一些地方和部门对共享经济的重要作用认识不足，在行业发展方向、管理原则上还存在着这样或那样的问题，包括政策不平衡、措施不配套、要求不衔接等。这就亟须在国家层面制定一个指导性意见来统一认识，进一步明确方向性、原则性、基础性要求，将实践探索中的有益经验加以提炼总结，更好指导地方和部门工作。同时，由于共享经济交叉融合的特性，涉及的

管理部门较多，很多领域存在多头管理问题。建议建立推动共享经济发展的部际联席会议制度，以加强部门间协调配合、统筹提出相关政策建议、协力解决工作推进中的重大问题。

二是将包容审慎的监管原则落到实处。在实践中有些地方对这一原则的落实还不到位，还存在用惯性思维、传统方式、行政手段代替市场调节的情况。要督促引导各级政府和部门切实转变监管理念，摒弃以“老办法管理新事物”的惯性思维，清除不合理的许可、监管等要求，破除行业壁垒和地域限制。同时，要与时俱进创新监管方式。比如，由于部分共享单车乱停乱放，有些地方以罚代管，直接没收车辆并收取高额保管费，导致大量单车堆积损毁。要加强监管技术手段建设，借助大数据、人工智能等新技术，不断提高监管效能。重视发挥平台企业作用，引导行业规范与自律，研发应用新技术，健全社会信用体系，形成政府、企业、社会协同共治的良好格局。共享经济类型多样，要合理界定不同行业共享经济的业态属性，区别对待、分类施策，提高监管的精细化科学化水平。

三是提供更好政府服务。共享经济健康有序发展离不开相关政府部门服务的支撑，但目前这方面存在的障碍还较多，尤其是共享经济发展急需的公共信息、信用数据，企业获取难或成本高。要按照“可用不可查”原则，推动政府部门向企业平台开放信用信息数据，既提供低收费或免费的信用信息服务，又保护居民隐私和企业商业秘密。现有依行业、地域、法人分类采集数据和抽样调查的统计体系，难以准确地反映共享经济发展的规模、速度、结构、贡献等状况，在一定程度上影响对共享经济发展的判断以及政策制定。要加快完善共享经济统计监测体系，将其纳入国民经济统计体系，为政府科学决策提供支撑。

# 我国共享经济发展的几个趋势

## ——促进共享经济发展调研报告之二

马志刚　王敏瑶　王晓丹　张凯竣

当前，我国共享经济快速发展，新业态持续涌现，技术创新应用明显加速，在培育经济发展新动能、促进就业等方面发挥了日益重要作用。我国已成为全球共享经济的领跑者，共享经济已经成为我国经济转型发展的一张靓丽名片。这其中，几个特点趋势值得关注：

### 一、共享经济广泛渗透各行业、各领域

目前，无论是制造业还是服务业，无论是传统产业还是新兴产业，都可以看到共享经济的踪影。从共享对象来看，不仅包括对房屋、设备、交通工具等实物资源的共享，也包括对资金、知识技能、劳动乃至生活服务等无形资源的共享，每个领域几乎每天都成长出平台，每个平台都会给其所在行业领域带来新变化。根据对不同领域共享经济交易额的调查，2017 年知识技能领域增速达到 126.6%，生活服务领域达到 82.7%，房屋住宿领域达到

70.6%。从供需主体来看，大量企业和个人可以成为共享经济的参与者、分享者。在企业向个人提供服务方面（B2C），有以共享单车、电商平台等为代表的“可用而不拥有”模式；在企业向企业提供服务方面（B2B），有共享办公、共享产能、共享物流等模式；在个人向企业提供服务方面（C2B），有众包、众筹共享模式；在个人向个人提供服务方面（C2C），有房屋短租等涵盖衣食住行方方面面的资源共享。从全球范围来看，我国不仅对网约车、共享办公、共享民宿等国外共享经济发展的成熟模式进行了本土化改造，还创造出共享单车等适应我国国情特点的共享经济模式，教育、医疗等领域的共享模式发展也有望取得突破并走在全球前列。

## 二、共享经济日益成为“双创”蓬勃发展的大舞台

共享经济既是“双创”的产物，也可以带动范围更广、程度更深的创业创新。比如，共享经济打破了传统劳动关系，催生出雇佣关系灵活化、工作方式弹性化的新就业形态，为自由职业者和兼职群体提供了创业机会。2017 年我国共享经济服务提供者人数约 7000 万，同比增长 17%，预计 2020 年有望超过 1 亿。一些知识技能共享平台的发展，让更多拥有一技之长的人士可以利用闲置时间提供服务，更好实现专业价值。再如，共享经济能为小微企业提供更多个性化服务，降低创业创新门槛。小微企业成长需要登记注册、品牌创意、投融资对接、法律事务、人力资源等服务，但是囿于规模限制，在传统市场上找到提供者难度较大。一些共享经济企业通过打造全方位服务平台、汇聚众多供给方，为小微企业提供综合服务，最大限度帮助解决难题。某知识技能共享网站汇聚了超过 1300 多万名各类专业人才，累计服务了近 1000 万个企业和创业者，特别是 600 多个门类的企业运营服务，

广受小微企业欢迎。还有的共享经济企业以团购模式，为小微企业采购员工保险、体检等服务，使小微企业通过“抱团取暖”明显降低了成本。

## 三、共享经济企业越来越具备产业融合、上下游贯通、线上线下协作的特征

共享经济是典型的网络经济，企业不仅要聚焦用户的核心需求做精做细，还要围绕用户的关联需求“触类旁通”，这就要求打破行业之间、产业链之间的界限，实现交叉融合发展。可以说，共享经济企业没有哪个是“纯粹”的制造企业或服务企业，也没有哪个可以归类为单一行业。有的从生产领域的共享起步，逐步向产业链的中下游延伸，在运输、仓储、加工、供应链金融等方面提供综合服务；有的从消费端的共享入手，不断向产业链的上游拓展，推动更多适应共享特征的产品研发和生产。很多传统产业的企业通过引入共享模式，焕发了新的生机。如一些传统汽车厂商纷纷推出汽车分时租赁业务，一些传统房地产商开始发展共享办公服务，一些传统软件开发商依托众包平台开展软件开发业务。同时，线上线下的结合也日益密切。不少企业通过线下实物资源的共享，形成了具有相似需求的用户集群，通过广泛开展线上交流和创意碰撞，催生出更多的交易机会，形成“共享的共享”，进一步放大了共享模式的效益。比如某共享办公平台从线下共享办公起步，逐步搭建起跨界互联的线上企业社交平台，发展出广告投放、投资贷款、业务撮合、知识产权保护等业务。

## 四、共享经济呈现出与传统行业不同的竞争态势

一方面，共享经济领域的行业“洗牌”速度更快。近年来，

大批创业创新者进入共享经济领域，资本市场也有大量“热钱”涌入，推动共享经济各领域激烈竞争，通过低价甚至免费提供产品和服务，力图在短时间内扩大市场占有率。由此也带来了一些竞争失序行为，比如在共享单车、网约车、共享办公、共享钢铁等领域，都经历了一个优胜劣汰过程。但与传统行业相比，共享经济发展速度快，优胜劣汰过程也快，有的行业在短短两三年时间内就经历从兴起到整合的过程。这既是共享经济网络效应的体现，“抢得先机”的企业可以在短期内聚集大批买家卖家；又有各类投资基金的助力，加快了行业成长和企业优化组合的速度。另一方面，市场结构调整变化更快。即便一些企业暂时胜出，但也可能随时受到“颠覆性技术”、行业交叉融合带来的冲击，比如电商领域近年来涌现出多家高速成长的新兴企业，对传统电商巨头带来了不小冲击；一些原本不在同一“赛道”上的企业，也可能产生竞争关系，比如移动社交、短视频、在线直播等产品看似属于不同领域，但竞争的都是用户的时间和关注度。可以预期的是，那些经历了发展初期的激烈竞争、正走向规范的共享经济行业，无论未来竞争态势如何，相关各方对其理解将更加深入，政府引导和保障措施将更加完备，企业运营将趋于规范，投资者和创业者也将回归理性，这些都有利于共享经济的长期健康发展。

## 五、模式创新和技术创新是共享经济发展的核心驱动力

共享经济创造价值的核心在于盘活资源、促进供需匹配。在发展初期，通过引入“共享”这一创新模式，可以在短时间内快速发掘和释放供需潜能，见势早、行动快的企业往往抢得先机。但随着竞争的加剧，越来越多共享经济企业把更多精力投向技术创新，运用物联网、大数据、云计算等手段，在精准匹配、流程

再造、效率提升、安全可控等方面下更大功夫。从长远看，能够在激烈竞争中生存下来的企业一定是创新能力更强的。现在一些平台企业一秒钟就要处理巨量订单，没有强大的服务器和技术支撑是做不到的。特别是人工智能的快速发展为共享经济提质增效开辟了广阔空间，成为企业竞争的新“战场”。比如，某货物运输共享企业为了实现货主和司机的实时信息匹配、提供高效智能发配货服务，研发了物流调度和跟踪系统；一些共享单车企业研发、应用集导航定位、移动通信等于一身的智能锁；共享办公行业推动了智能建筑的发展。可以说，共享经济的智能化促进了相关产业和产业上下游的转型升级，也助力了经济新动能成长。

# 共享经济助力发展新动能加快成长

## ——促进共享经济发展调研报告之三

马志刚　王敏瑶　王晓丹　张凯竣

共享经济作为一种新业态新模式，近年来快速发展，已渗透到社会生产生活的方方面面，呈现出旺盛的活力，正在给经济发展、就业模式、消费方式以及经济社会管理等带来深刻影响。培育壮大新动能、实现经济高质量发展，必须顺势而为，推动共享经济更好更大发展。

### 一、发展共享经济有利于推动经济平稳增长和加快转型升级

共享经济的发展，催生了一大批“平地起惊雷”的新兴行业，已经成为推动经济增长和培育经济发展新动能的重要力量。2017年我国共享经济市场交易额约4.9万亿元，比上年增长47.2%。知识和创新领域的共享经济，大大提高了创新效率，缩短了创新进程。共享经济的发展，推动了各种消费、行为数据爆发增长、海量集聚，

正在孕育巨大的数据财富。共享经济是我国独角兽企业数量最多的领域。目前全国共有 60 多家独角兽企业，其中具有共享经济属性的占了一半以上；成长速度也十分惊人，很多共享经济平台仅用了 1—2 年时间，便成为独角兽企业。

共享经济的发展，也给传统产业发展带来新的生机，加快了产业转型升级。比如，共享单车出现前，传统自行车产业品杂量小、成本高企问题突出，一些自行车厂商日子很难过。2016 年一家知名自行车厂商 10 条生产线只有一条生产线开工，但成为某共享单车企业的供应商后，10 条生产线全部用了起来，业绩出现了 V 型反转。又如，某共享办公企业不仅把零散的办公资源整合起来，为企业提供可定制的租赁服务，还将传统的房屋租赁业务延伸到为入驻企业提供全产业链服务。

## 二、发展共享经济为提高资源利用效率、解决产能过剩提供了新出路

共享经济因其资源或要素共享，本质上就是资源节约集约利用的经济。如通过网络实现的房屋短租提高了闲置住房的利用率，运力共享平台降低了货车空驶率。产能过剩是我国经济发展遇到的一个突出问题，共享经济为其提供了一个新的市场化解决途径。现在已有不少互联网企业搭建了第三方共享平台，整合分散的过剩产能和优质制造资源，为用户提供低门槛、低成本的加工制造服务。比如，某钢材资源信息共享平台与 100 多家钢铁冶炼加工企业合作，为后端几万家客户提供快捷的钢铁加工定制服务。事实上，不少过剩产能属于淡旺季失衡的相对过剩，产能共享能够更加便捷地匹配供需双方，在更大范围调度未充分利用的制造资源，帮助企业更好应对淡旺季需求波动。再如，某电商巨头旗下的

信息共享平台将商家的订单件数、工期等生产需求，与有能力接单工厂的生产类别、剩余产能等信息同时发布在平台上，供需双方双向选择，把一批企业的过剩或闲置产能利用了起来。

设备等创业创新资源的共享也是产能共享的一种。这些年一些传统制造企业开始实施面向共享经济的转型发展战略，通过打造网上平台，或开放自身的设备，或发展面向企业内部和行业的创业创新生态系统，或为用户提供全方位的生产技术服务。比如，某大型传统机床厂 2014 年推出了云制造平台，在数字机床应用、维护、研发等方面开展共享业务。截至 2017 年底，该平台在线机床装备 10620 台，联网工厂客户 2000 余家，机床装备利用率得到了极大提高。再如，某航天集团 2015 年上线了“航天云网”，对设计模型、软件、实验室等上百种资源及上万台设备进行共享。上线 3 年来，“航天云网”云端注册企业已接近 170 万家，总经营规模约 11 万亿元，遍布全球 179 个国家和地区，成为全球知名工业互联网云平台之一。

## 三、发展共享经济为扩大就业提供了新空间

共享经济在扩大就业上具有独特优势和巨大潜力。据测算，2017 年我国共享经济平台企业员工约 700 多万人，比上年增加 130 多万人，占当年城镇新增就业人数的 9.7%，这意味着城镇每 100 个新增就业人员中，就有约 10 人是共享经济企业新增的员工。共享经济的发展还为自由职业者提供了更多灵活就业机会。比如，某房屋短租企业上注册的兼职摄影师近 1000 名，注册的管家保洁人员超过 5000 名。共享经济也是吸纳退役军人、下岗职工、农民工等就业重点群体的“生力军”。据抽样测算，2017 年 6 月至 2018 年 6 月，某网约车企业共创造 3000 多万个就业和收入机

会，其中包括退役军人司机386万。某外卖配送企业活跃骑手超过50万人，其中15.6万人曾经是煤炭、钢铁等传统产业工人，占比31.2%；4.6万人来自贫困县，占比9.2%。某共享单车企业目前运维人员保持在1万人左右，以农民工、下岗再就业群体为主，月工资在5000—7000元之间。

## 四、发展共享经济可以推动科技进步和创新发展

共享经济作为一种新的经济形态、新的资源配置方式，本身就是理念创新、技术创新、机制创新、模式创新的产物，反过来又为各方面创新提供舞台，促进相关方面加大研发投入。共享房屋出租企业为了解决线上租房人与入住房客身份可能存在的不一致问题，大范围开展人脸识别智能门锁等安全产品的应用，促进了相关行业的技术进步。共享单车企业为了提高骑行体验，不断加大对自行车设计、制造技术的投入，在智能锁、车身和轮胎新材料研发等方面取得了很大突破。现在的智能车锁在功能上不仅可以定位、防盗，还能汇集海量数据，支持其他增值服务。在无人驾驶领域，某网约车企业正与众多国际领先的互联网企业开展算法、高精地图等方面的竞争，以抢占科技制高点。在调研中，无论是企业还是行业主管部门都普遍认为，技术竞争将是共享经济企业未来竞争的“主战场”，谁的技术领先、谁的服务体验好，谁才更有可能胜出。

## 五、发展共享经济有利于满足群众对美好生活的需要

共享经济给人民群众的吃穿住行带来诸多便利，较好地满足了日益增长的多元化需求。比如，在出行方面，现在网约车出行平台上有专车、快车、豪华车、顺风车、代驾、共享单车、公交、

小巴、租车等10余种出行服务供消费者选择。网约车企业通过互联网连接车辆并优化其效率，消除了出行领域的信息不对称，缓解了一些地方出现的打车难问题，同时也正在悄然改变着“购车消费”的传统汽车消费习惯。2017年，全国网约车客运量约157亿人次，每7个打车的人当中就有2人使用网约车。优质医疗资源分布不均、基层群众看病难问题，是困扰人民群众的“老大难”问题，共享经济的发展让人们对“足不出户看名医”充满了期待。如今，“互联网+医疗健康”正在逐渐形成线上咨询、预约转诊、远程专家门诊、家庭医生签约服务等多种服务模式，让患者能够通过网络便捷获取各种健康资讯、医生建议、专家会诊等服务。这对于缓解优质医疗资源总量不足、配置不均等问题，推进医药卫生体制改革，具有重要意义。

## 六、发展共享经济还能倒逼社会治理的完善

共享经济快速发展所带来的影响已超越了经济范畴，对社会治理提出了越来越多的新课题新挑战，也给出了很多新思路新答案。近年来，共享单车的乱停乱放和被盗被破坏，就引发了社会诚信、国民素质等方面的讨论，这种认识和反思对社会文明进步无疑是具有积极意义的。共享经济具有广泛参与的特征，参与共享经济的人不仅能获得便利和收益，而且可以成为社会治理模式创新的实践者和推动者。比如，共享经济平台打造了共生共享的生态系统，供需主体共同商定交易规则，规则又对交易行为产生约束力，这就是个人自重、行业自律、多元共治的一种体现。又如，共享经济具有陌生人之间“缺场”交易的特征，在其发展过程中必然会助推社会信用体系的建设，同时共享经济发展所积累的数据和技术创新，又会为社会信用体系建设提供重要支撑。再比如，

共享经济本身具备较强的包容性，可以通过疏导等方式解决一些社会治理难题。共享单车出现后，靠压、堵等传统手段长期没有得到较好治理的“黑摩的”就自然消失了，因为群众的短途出行不需要“黑摩的”了，而且过去“黑摩的”的从业者也可在共享单车、网约车等行业找到就业机会。可以预见，共享经济与社会治理在彼此适应、互促共进中，必将变得更趋包容、更趋科学合理。

# 推进有利于共享经济更好发展的“放管服”改革

## ——促进共享经济发展调研报告之四

马志刚　王晓丹　王敏瑶　张凯竣

在近些年来的“放管服”改革中，政府对共享经济发展实施包容审慎监管，取得了初步成效。但目前共享经济发展仍然存在一些痛点难点堵点，需要进一步深化“放管服”改革，更好落实包容审慎监管原则，促进其持续健康发展。

### 一、实施更加包容协调的监管政策，防止管得过严过多

近两年来，有关部门和地方陆续出台了一系列针对共享经济的管理举措，但企业反映有不少政策包容度变差，某些领域和地方出现前期包容、后期收紧，上头包容、下头收紧，表面包容、实际收紧的状况。必须进一步推动政策松绑和规则简化，防止因过度管制抑制共享经济活力。

一要纠正不合理的准入限制。目前有关部门和地方新出台的

一些管理政策特别是行政许可、资格认定等政策，往往存在标准过严、门槛过高的问题。比如，有的城市在制定网约车实施细则时，对网约车车价、轴距、排量、功率以及驾驶员户籍等提出过高要求，导致90%以上的车辆都不合规。再如，有关部门2017年初发布的《旅馆业治安管理条例（征求意见稿）》，将短租民宿按传统的旅馆管理，规定开展民宿经营须取得相关行政许可；还有一些地方性法规要求每一间民宿都要办理工商登记。这些管制不仅造成极高的合规成本，在很大程度上也扼杀共享经济活力；如果后续监管跟不上，也未必能实现安全、有序管理。平台、用户和从业人员都认为，这些规定实际中很难执行，出现了“正门不大就生歪门”的现象，还损害了政府的公信力。

对共享经济应区分不同情况，分类施策。对不涉及安全、健康等公共利益的，尽量不以准入许可方式管理；确需许可的，应广泛征求各方面意见，合理设定标准和条件。建议对各地准入管理政策的必要性进行研究分析，撤销其中一些过于严苛且不必要的规定。

*二要着力解决部门多头管理问题。*有企业反映，按照国家鼓励政策把闲置楼房改造用于共享办公，市里、区里都很支持，但开工后却是今天消防来查，明天公安、城管来查，而且各家要求不一，动辄就要整改重来。好不容易把楼改好，有时又因土地规划性质等问题，入驻企业无法办理营业执照或税务登记。共享经济具有交叉融合的特性，很多又处于现有法律法规覆盖不到位的地带，在一定时期内“多龙治水”可能无法避免，但如果“群龙无首”还相互打架，就会让企业无所适从，增添很多负担。

建议进一步加强统筹，尽快确定不同领域共享经济的主责或牵头部门，划清涉及部门的职责权限，并对所涉政策逐一梳理协调、对监管执法进行统一调度，增强管理的协调性和可预期性。

三要打破地域市场分割。共享经济大都具有“一个平台、服务全国”的运营特点，而现行管理制度以属地为基础，由此带来的矛盾往往使企业额外付出大量沟通和运营成本。有的共享经济企业就反映，在全国扩展业务时，地方政府大多要求本地许可、本地注册、本地纳税、押金沉淀本地。一家网约车平台公司讲，如果在全国 300 多个地级行政区都办证，至少需要 3 年，设立分公司每年将直接增加办公场地、人员、设备等成本 3.2 亿元以上；如果在 2800 多个县级行政区都办证，至少需要 24 年，所增成本会更加庞大。另外，不少地方还要求平台数据与本地多个政府管理部门对接，而且标准要求也不一样，使企业耗费大量人力物力。

建议针对属地管理对共享经济带来的矛盾和问题，作出明文规定，坚决纠正要求全国统一的平台企业本地许可、本地注册、本地纳税等现象，推动形成平台“一地注册、多地经营”。政府部门间要加快消除“信息孤岛”，避免向企业反复索要有关数据。

## 二、实行更加科学有效的监管，努力消除“监管鸿沟”

目前政府对共享经济的监管手段滞后，存在明显的“监管鸿沟”，突出表现在以线下思维监管线上行为、以传统手段监管创新应用、以技术落后的政府平台监管技术先进的企业平台，导致用力不少，效果却不佳。必须适应共享经济发展规律和特点，积极创新监管，量身打造监管方式。

一是防止简单粗暴，实现精准监管。现在有些部门和地方把共享经济发展中出现的所有问题都归咎于其本身，主张限制发展甚至一禁了之。比如，一些城市执法部门将短租民宿等同于黑旅馆、群租房进行大规模治理，很多房东被约谈、罚款甚至拘留。这种“一棍子打死”的态度，对共享住宿行业产生了较大冲击。

住宿治安、单车乱停、押金风险等问题，都不是有了互联网企业和共享经济后才出现的，只不过互联网催生了相关领域的共享经济快速发展，也在一定程度上使问题有所增多，同时互联网还加快了相关信息的传播。这些问题，靠限制和禁止平台营业是不可能得到根本解决的。决不能因噎废食、简单化处理，而应找准问题和根源所在，采取针对性措施，从源头上加以解决。

二是运用现代技术，实现科学监管。尊重共享经济发展规律是实施有效监管的前提。比如早晚高峰时地铁口往往停放大量共享单车，不能认为这是单车过剩，实际上这个时候地铁口对单车的需求最为旺盛，大多数单车很快会被骑走。与其急着清理、造成群众不便，还不如考虑为单车划定更大的停放区域。现代技术的快速发展，为解决共享经济发展中的一些问题提供了有力支撑。有的共享单车企业研发了能实现单车有序停放的电子围栏和道钉，有的共享住宿企业研发了能更好识别入住者身份的智能门锁，这些新技术手段往往比传统监管方式更加便捷和高效。

建议以动态、科学的眼光看待共享经济中存在的问题，运用大数据、人工智能等先进技术手段进行监管，还可通过奖励等方式，鼓励平台企业主动进行监管新技术新工具的研发。

三是借助各方力量，实现共同监管。共享经济平台企业汇集了大量数据，并一定程度上形成了交易规则、信用评价、风险控制、质量与安全保障等自律机制；平台用户则通过交易了解到大量服务提供者的信息。这些都是助力政府实施监管的重要资源，但现在还没有把这些资源整合好、利用好。

建议强化政府、企业、社会共治，加快研究确定共享经济平台须承担的管理责任，推动形成政府管平台、平台管企业的有效闭环。还应进一步畅通平台和用户投诉、举报、建议的渠道，实现快速响应和处理。当然，也要防止将平台责任无限延伸，这方面可借鉴知识产权领域的“避风港原则”。如果平台企业确实按照相关规定承担了义务，那么对未被举报或难以判定的违法违规行为，平台可有条件免责；但如果平台及其用户的违法违规行为十分明显，平台却未处理，就应当承担相关责任。

## 三、提供更加完善可及的政府服务，不断增添发展能量

当前，共享经济企业还面临不少靠单个企业无法有效解决的瓶颈制约，需要进一步优化政府服务，为企业发展壮大解难赋能。

*一要大力推动社会资源充分释放。*对于各类共享经济来讲，第一步就要把闲置资源释放出来，然而现在还有不少资源受制于体制机制因素，无法实现自由流动和社会化共享。比如医疗服务领域，我国的执业医师注册制度使医生必须依托固定的医院才能进行注册和职称评定，这就使医生对医院产生很大依赖，限制了医生提供共享医疗服务。再如设备共享领域，尽管一些大型科研院所的设备利用率在5%以下，但由于工资定额、收支两条线、国有资产管理等规定限制，他们往往没有积极性进行共享。与之类似，共享停车位虽有很大需求，但如果政府不从中推动，机关事业单位的空余车位很难拿出来共享。

建议进一步深化改革，推动医生从“单位人”变为“社会人”，并完善与之相适应的执业注册、人事管理、医疗责任等制度。大力推动国有企事业单位共享人力人才、仪器设备、科研成果等资源，在工资收入、财政保障、收益分享等方面出台激励措施，同时加快完善考核、奖惩等制度规定，形成刚性约束。

*二要加快健全社会信用体系。*目前很多共享经济企业都在做

自己的信用系统，但脱离了整个社会的信用体系，其系统也是不完全、不可靠的。一方面，企业难以单独处罚违约用户，约束力不足，不少共享单车企业就希望政府能和企业一起治理和约束违章骑行、破坏单车等行为。另一方面，企业收集的用户信用信息不能与政府数据进行比对聚合，也不利于提高信用系统的整体建设效率。

建议强化对平台企业、服务提供者、用户等主体的信用评级和信用管理，推动平台企业与全国信用信息系统进行对接，联合做好信用记录、信息披露、风险预警等工作，联动实施守信激励和失信惩戒。

三要有效解决从业者保障问题。共享经济催生了大量新就业形态，其中不少从业者已经将平台收入作为主要收入来源。但从业者与平台往往不签订劳动合同，除了外包、劳务派遣等非标准劳动关系外，更多是通过签订合作、承揽、加盟、信息服务等协议建立合作关系，部分从业者的养老、医疗、工伤等保障缺失。另外，现行社会保险政策对灵活就业人员还有户籍地参保的限制，也是其无法参加社保的重要原因。长期来看，一大批人脱离社保体系，会使未来社会保障负担上升，成为一个潜在的社会风险源头。

建议探索更加灵活的就业服务、参保缴费等机制，特别是加快解决异地参保、转移接续等问题，为共享经济从业者参保提供支持和便利。当然，平台就业在任务分配、服务提供、收入待遇等很多方面有别于传统就业，要积极引导和鼓励平台承担相应的责任。

四要积极提供公共信息服务。目前很多个人信用、违法犯罪记录等关键数据都掌握在政府部门和公共机构手中，企业获取公共数据服务的渠道少、成本高，影响了企业加强自我管理。比如网约车和民宿行业都需要对从业人员的身份背景进行实质性审查，但企业往往无法从政府获取相关信息，只能找有“特殊能量”的第三方公司来做，企业为此要付出巨额费用。据统计，今年上半年某网约车平台公司就为此支出4100多万元，平均每个月近700万元。

建议大力推动政府部门向企业开放非涉密和非涉隐私数据，提供低收费或免费的公共信息服务，为企业强化管理创造有利条件。